utb 3369

Eine Arbeitsgemeinschaft der Verlage

Brill | Schöningh – Fink · Paderborn
Brill | Vandenhoeck & Ruprecht · Göttingen – Böhlau · Wien · Köln
Verlag Barbara Budrich · Opladen · Toronto
facultas · Wien
Haupt Verlag · Bern
Verlag Julius Klinkhardt · Bad Heilbrunn
Mohr Siebeck · Tübingen
Narr Francke Attempto Verlag – expert verlag · Tübingen
Psychiatrie Verlag · Köln
Ernst Reinhardt Verlag · München
transcript Verlag · Bielefeld
Verlag Eugen Ulmer · Stuttgart
UVK Verlag · München
Waxmann · Münster · New York
wbv Publikation · Bielefeld
Wochenschau Verlag · Frankfurt am Main

UTB Profile

Anja Köstler

Mediation

3., überarbeitete Auflage

Mit 2 Abbildungen und 2 Tabellen

Ernst Reinhardt Verlag München

Anja Köstler, Diplom-Sozialpädagogin (FH), ist Mediatorin BM®
(Bundesverband Mediation) und Mediatorin BMWA® (Bundesverband
Mediation in Wirtschaft und Arbeitswelt), sowie Ausbilderin für
Mediation BM® und anerkannte Lehrtrainerin für Mediation BMWA® und
Organisationsberaterin.

Bibliografische Information der Deutschen Nationalbibliothek

Die Deutsche Nationalbibliothek verzeichnet diese Publikation in der
Deutschen Nationalbibliografie; detaillierte bibliografische Daten
sind im Internet über <http://dnb.d-nb.de> abrufbar.
UTB-Band-Nr. 3369
UTB-ISBN 978-3-8252-6212-9 (Print)
UTB-ISBN 978-3-8385-6212-4 (PDF-E-Book)
UTB-ISBN 978-3-8463-6212-9 (EPUB)
3., überarbeitete Auflage

Lektorat / Redaktion im Auftrag des Ernst Reinhardt Verlags: Ulrike Auras,
München.
Covermotiv: © istock.com / alashi
Reihenkonzept: Alexandra Brand
Umschlag: siegel konzeption | gestaltung, Stuttgart
Satz: ew print & medien service GmbH

Printed in EU

Ernst Reinhardt Verlag, Kemnatenstr. 46, D-80639 München
Net: www.reinhardt-verlag.de E-Mail: info@reinhardt-verlag.de

Inhalt

Einführung

Hauptteil

Anhang

Einführung

Überall, wo Menschen zusammenleben und/oder zusammenarbeiten, kommt es zu Konflikten. Und wir alle haben Sätze im Ohr wie „Bleib sachlich", „Kommen Sie doch mal zur Sache" usw. Doch die wenigsten Konflikte sind nur auf der Sachebene zu befrieden. Wären sie es, hätte sich kein längerer Konflikt entwickelt.

Mediation als Verfahren zur konsensualen Konfliktklärung zeichnet sich insbesondere im (psycho-)sozialen Bereich dadurch aus, dass sie – über die Klärung von Sachfragen hinaus – die Beziehungsebene und das innere Geschehen bei den einzelnen Beteiligten in den Blick nimmt. Dies unterscheidet Mediation in diesen Anwendungsfeldern von rein sachorientierten Formen der Wirtschaftsmediation, in der es häufig „nur" um die Lösung eines bestimmten Problems geht. Im (psycho-)sozialen Zusammenhang bedeutet Mediation im Wesentlichen, dass die Konfliktpartner – seien es zwei Menschen oder mehrere Gruppierungen – mit sich selber und mit ihren Kontrahenten wieder ins Reine kommen und sich bestenfalls weiterhin im gleichen Umfeld bewegen können. Mediation für solche Konfliktlagen steht im Fokus dieses Buches. Die Konfliktparteien können z.B. Partner sein, die nach der Trennung noch Eltern ihres Kindes bleiben und sich in dessen Lebenswelt immer wieder begegnen werden; Einrichtungen, die nach wie vor im gleichen Stadtteil mit den gleichen Anwohnern arbeiten werden oder Mitarbeiter in Krankenhäusern, Kindergärten, Beratungsstellen, Nachbarschaftszentren, deren Zusammenarbeit im Team fortdauern wird und nicht durch schlechte Konfliktregelungen belastet sein sollte.

Auch im innerbetrieblichen Bereich – egal ob Großkonzern oder Handwerksbetrieb – spielen psycho-soziale Faktoren in Konflikten eine wesentliche Rolle.

Anders als in rein geschäftlichen Beziehungen (und selbst da nicht immer) kann man den Kontakt zueinander selten völlig beenden, ohne dadurch weiteren Schaden in Kauf zu nehmen. Solch ein Schaden wäre z.B., wenn Konflikte und Misstrauen zwischen Abteilungsleitern so eskaliert sind, dass sogar Aufträge gefährdet werden, oder nach einer Ehescheidung, wenn die Ex-Partner nicht mehr gleichzeitig auf die Feste von gemeinsamen Freunden gehen können, oder wenn ein Erzieher beim Schichtwechsel in einer Jugendwohneinrichtung wiederkehrend mit von Kollegen produzierten schwierigen Situationen konfrontiert ist.

Gelingt es nicht, trotz und nach Streitigkeiten gut miteinander umzugehen, vergiftet dies oft das gesamte bisherige Lebensumfeld – etwa Wohnung, Freundschaften, Nachbarschaft oder Arbeitsstelle. Ist dieser soziale Nahraum gefährdet, erleben Menschen dies oft als existenzielle Bedrohung. Viele schlagen dann schnell harte Töne an, um nur ja als Sieger aus dem Konflikt hervorzugehen. Sie treiben damit aber – ohne sich dessen bewusst zu sein – die Eskalation des Konfliktes genau in die befürchtete Richtung voran. Dazu drei Beispiele:

Beispiel 1: Die bisher allein lebende 75-jährige Mutter wird pflegebedürftig. Die Krankenhaus-Sozialarbeiterin erlebt drei erwachsene Kinder, für deren Leben die eigene Welt aus den Fugen gerät bei der Vorstellung, die Mutter bei sich zu Hause aufzunehmen. Die Vorstellung, die Pflegekosten zu dritt zu übernehmen, ist für zwei der drei ebenso ein Horrorszenario. Forderungen und Anklagen kommen auf den Tisch: „Mutter hat dir sowieso immer Geld zugesteckt …", „Du hast doch eh nur eine halbe Stelle und dir sowieso mal überlegt, ob du nicht wegen den Kleinen ganz zu Hause bleibst, aber ich müsste meine ganze Karriere aufs Spiel setzen …", „Ja, so war es schon immer: Wenn es euch unangenehm wird, wälzt ihr so was auf mich ab! …".

Beispiel 2: Im ehrenamtlichen Vorstand des Sportvereins hat der langjährige Vorsitzende aus persönlichen Gründen nicht mehr kandidiert. Er engagiert sich seither als Schatzmeister. Seine Nachfolgerin und der konstant gebliebene Stellvertreter haben die Prioritätensetzung und den Arbeitsstil völlig verändert. Nach Ansicht des Vorgängers stehen nun die Rücklagen des Vereins auf dem Spiel. Die letzten beiden Vereinssitzungen sind total eskaliert, und die heftigen Vorwürfe – „Ihr ruiniert den Verein, nur um eurer persönlichen Vorlieben willen!", „Du warst schon immer unfähig, zusammenzuarbeiten. Die finanziellen Probleme, die wir jetzt haben, hast letztlich du durch deine unglaubliche Schlamperei verursacht!" – sind bereits in den innerörtlichen Tratsch gesickert.

Beispiel 3: Der neue Abteilungsleiter bringt neue Anforderungen in ein Sales-Team eines Unternehmens. Es entsteht starke Gegenwehr bei Mitarbeitern, die als Kenner des Hauptabnehmerlandes gelten. Im Rahmen von zwei Besprechungen kommt es im Kampf um die Sache zu heftigen und persönlichen Vorwürfen, die alle Seiten erschüttern.

In solchen Fällen kann Mediation zu einer guten und sinnvollen Lösung der Probleme beitragen.

Merksatz

Mediation ist ein Verfahren, das die Eskalationsspirale bei Konflikten unterbrechen und stoppen kann; sie geht mit den Beeinträchtigungen und Verletzungen, den starken Gefühlen und den dahinter stehenden Bedürfnissen aller Beteiligten auf wertschätzende Art um. Sie schafft einen sicheren Rahmen, in dem gegenseitiges Verstehen möglich wird. Dadurch wird der Blick frei auf die Gestaltung einer für alle Seiten langfristig guten Zukunft.

Wo steht Mediation heute in Deutschland?

Dass man Konflikte nicht gegeneinander, sondern miteinander klären kann, hat sich als Idee seit der ersten Auflage spürbar verbreitet. Mediation ist bekannt und hat sich Akzeptanz erarbeitet. Gleichzeitig ist unsere Gesellschaft nicht konfliktärmer, sondern durchgängig sogar spannungsreicher geworden. Unsere Sprache ist voller Begriffe, die dies widerspiegeln: Wir leben in einem Wirtschaftskampf, Kampf um Ressourcen, ständigem Verdrängungswettbewerb, einem Krieg der Kulturen und Religionen. Beruflich werden Durchsetzung, Kampfgeist, Individualität etc. hoch geschätzt und zugleich multiperspektivisches Denken, Empathie und kooperatives Arbeiten gefordert.

Inzwischen wird Mediation von Organisationen und Firmen jeder Größe nachgefragt und in vielen Verträgen sind mittlerweile Mediationsklauseln (=Mediation als Konfliktregulation) eingefügt. Vor allem junge Unternehmen und Start-Ups haben wenige Berührungsängste mit Mediation. Großkonzerne haben mittlerweile neben Training und Coaching auch Mediation in die von ihren HR-Abteilungen angebotenen Leistungen aufgenommen. Trainings in Konfliktkompetenz für Führungskräfte sind Standard. Kostenminimierung durch guten Umgang mit Konflikten ist attraktiv geworden. Führungskräfte und Entscheidungsträger in Unternehmen erkennen höhere Mitarbeiterzufriedenheit und gesteigerte Effektivität in der Kommunikation inzwischen als für den Unternehmenserfolg bedeutende Faktoren an.

Mediation in Rechtsprechung und Gesetzgebung

Mediation wurde in Deutschland über mehr als zwei Jahrzehnte ohne Verankerung im deutschen Recht praktiziert. Mit dem 26. Juli 2012 wurde das Mediationsgesetz (MediationsG) als Artikel 1 im Rahmen des Gesetzes zur Förderung der Mediation und anderer Verfahren der außergerichtlichen Konfliktbeilegung vom Deutschen Bundestag in Kraft gesetzt. Die drei großen Bundesverbände für Mediation in Deutschland (Bundesverband Mediation e. V., Bundes-Arbeitsgemeinschaft für Familien-Mediation e. V. und Bundesverband Mediation in Wirtschaft und Arbeitswelt e. V.) waren im Rahmen einer Expertenrunde beim Bundesministerium für Justiz gemeinsam mit den Vertretungen der Anwaltschaft u. a. an der Beratung des Gesetzes beteiligt. Die Motivation des Gesetzgebers speiste sich aus verschiedenen Quellen:

- Bereits 2007 stellte das Bundesverfassungsgesetz klar, dass „auch in einem Rechtsstaat der Versuch, eine zunächst streitige Problemlage durch eine einverständliche Lösung zu bewältigen, grundsätzlich vorzugswürdig gegenüber einer richterlichen Entscheidung sei" (Ade / Alexander 2017, 13).
- Die am 13. Juni 2008 in Kraft getretene Europäische Mediationsrichtlinie nahm ihre Mitgliedstaaten in Artikel 4 in die Pflicht, Voraussetzungen zu schaffen, die staatenübergreifend das nötige Vertrauen in die Mediation und in die Qualität ihrer Durchführung ermöglichen:

  „(1) Die Mitgliedsstaaten fördern mit allen ihnen geeignet erscheinenden Mitteln die Entwicklung und Einhaltung von freiwilligen Verhaltenskodizes durch Mediatoren und Organisationen, die Mediationsdienste erbringen, sowie andere wirksame Verfahren zur Qualitätskontrolle für die Erbringung von Mediationsdiensten. (2) Die Mitgliedstaaten fördern die Aus- und Fortbildung von Mediatoren, um sicherzustellen, dass die Mediation für die Parteien wirksam, unparteiisch und sachkundig durchgeführt wird."

Obwohl nur für den Bereich staatenübergreifender Mediationsfälle gültig, setzte diese Richtlinie dem Gesetzgeber eine Frist, diese Anforderungen in nationales Recht umzusetzen.

> „Der Gesetzgeber wollte mit dem MediationsG ausdrücklich Anreize für eine einverständliche Streitbeilegung schaffen, um die Lösung von Konflikten zu beschleunigen, den Rechtsfrieden nachhaltig zu fördern und die staatlichen Gerichte zu entlasten" (Ade / Alexander 2017, 12 f.).

Mit dem Mediationsgesetz hat der Gesetzgeber

- Mediation definiert als „ein vertrauliches und strukturiertes Verfahren, bei dem Parteien mithilfe eines oder mehrerer Mediatoren freiwillig und eigenverantwortlich eine einvernehmliche Beilegung ihres Konflikts anstreben." (§ 1 Absatz 1 MediationsG),
- den Mediator definiert als „eine unabhängige und neutrale Person ohne Entscheidungsbefugnis, die die Parteien durch die Mediation führt." (§ 1 Absatz 2 MediationsG)

„Mediation" und „Mediator" sind jedoch nach wie vor keine geschützten Begriffe. Der Gesetzgeber hat allerdings Regelungen zu Aus- und Fortbildung von Mediatoren festgelegt (§ 5 MediationsG), die Voraussetzung zum Führen der Bezeichnung „Zertifizierter Mediator" sind. Die genauen Voraussetzungen wurden mit der Zertifizierten–Mediatoren-Ausbildungsverordnung (ZMediatAusbV) vom 21.08.2016 festgelegt und zuletzt am 11.06.2023 mit der 2. Änderungsverordnung verschärft. Sie tritt zum 01.03.2024 in Kraft und verlangt im Rahmen der Ausbildung künftig fünf statt einen supervidierten Mediationsfall, ehe man die Bezeichnung "Zertifizierter Mediator" führen darf.

Das Mediationsgesetz legt Aufgaben des Mediators, Offenbarungspflichten und Tätigkeitsbeschränkungen sowie eine Verschwiegenheitspflicht fest.

Ergänzend wurden diverse weitere Gesetze um die Möglichkeit der Mediation ergänzt und für Zivilprozesse neue Vorgaben geschaffen (§ 253 Absatz 3 Nr. 1 Zivilprozessordnung ZPO):

> „Künftig muss in jeder Klageschrift stehen, ob der Klage der Versuch einer Mediation oder ein anderes außergerichtliches Verfahren zur Konfliktbeilegung vorausgegangen ist, sowie eine Äußerung dazu, ob einem solchen Verfahren Gründe entgegenstehen. Außerdem haben die Gerichte die Möglichkeit, den Parteien eine Mediation vorzuschlagen und solange das Ruhen des Verfahrens anzuordnen" (Schacuffelen o. J.).

Die insbesondere in der Sozialgerichtsbarkeit einiger Bundesländer bereits etablierte Praxis, Mediation statt Gerichtsverfahren durch Richterkollegen bei anhängigen Gerichtsstreitigkeiten unter dem Namen „gerichtsinterne Mediation" anzubieten, wurde mit dem Gesetz abgeschafft. Mediation ist seither bei Gericht lediglich ein unter verschiedenen Verfahren mögliches, das in der sogenannten „Güteverhandlung" vom Güterichter eingesetzt werden kann.

Mediatoren hatten im Vorfeld sehr unterschiedliche Einstellungen zu einer gesetzlichen Regelung von Mediation: Es gab Stimmen, die darin eine gesellschaftliche und staatliche Anerkennung, Aufwertung und Verbreitungschance für Mediation sahen, sowie die gesetzliche Absicherung der Schweigepflicht für Mediatoren herbeisehnten; es gab Warner und Gegner, die in der rechtlichen Institutionalisierung von Mediation Gefahren sahen, z. B. wenn das Recht die erprobte Praxis entweder einengen oder an andern Stellen zu großen Spielraum ermöglichen und damit Mediation nicht ausreichend schützen würde.

Neben dem Schutz und der verlässlichen Rahmung, die das Gesetz sicherstellt, haben sich Bedenken z. B. an zwei Stellen auch bewahrheitet:

Die Nicht-Regelung von erforderlichen Kompetenzen von Ausbildern für Mediation im Gesetz hat zur Folge, dass auch Menschen, die keine oder nur wenig Erfahrung mit Mediation haben, Ausbildungen anbieten können. Dies geschah schon vorher und erfuhr mit dem an dieser Stelle völlig unspezifischen Gesetz auch eine Legitimation.

An anderen Stellen spiegelt das Gesetz auch die durchaus unterschiedlichen Interessen der in die Gesetzesberatung involvierten parteilichen Vertreter wider: Die Tätigkeitsbeschränkungen tragen vor allem der Problematik des Partei-Verrats für Mediatoren, die zugleich Anwälte sind, Rechnung, jedoch nicht der Alltagspraxis, mit der Unternehmen Mediation von bewährten Beratern anfordern.

Die Annahme, ein Mediationsgesetz würde Mediation starken Auftrieb geben, hat sich laut der 2018 veröffentlichten Evaluation des Gesetzes nicht bestätigt. Dennoch hat das Verfahren dadurch deutlich an Reputation gewonnen.

Literatur

Ade / Alexander (2017): Mediation und Recht.

Mediation in Forschung und Ausbildung

Mediation gehört zu den sogenannten ADR-Verfahren. ADR steht für alternative dispute resolution, zu deutsch: Kooperative Konfliktlösung. Hierzu hat sich international ebenso wie an deutschen Lehrstühlen ein breites Forschungsspektrum aufgetan, in dessen Rahmen auch die Wirkungen von Mediation untersucht werden. Diese empirische Forschung und ihre eindeutigen Ergebnisse haben Mediation auch in eher sachorientierten Wissenschaften wie dem Rechtswesen und der Wirtschaft zur Akzeptanz verholfen. In (psycho-) sozialen Feldern wie Training, Beratung, Sozialarbeit und Kommunikationswissenschaften musste Mediation wegen ihrer inhaltlichen Nähe und ihres aus der (psycho-) sozialen Forschung kommenden Verständnisses vom Kommunikations- und Konfliktgeschehen zwischen Menschen nie in diesem Maß um Akzeptanz kämpfen. Mediation wird inzwischen in ganz unterschiedlichen Studiengängen als begleitendes Seminar angeboten. Auch die Aufnahme als Masterstudiengang an verschiedenen Universitäten zeugt von ihrer gesellschaftlichen Anerkennung.

Merksatz

Mediation zu erlernen ist für eine Vielzahl von Personengruppen und Berufssparten interessant geworden; in den Ausbildungen finden sich Lehrkräfte neben Personalentwicklern, Architekten neben Vereinsvorständen, ehrenamtlich engagierte Rentner sowie Sozialpädagogen, Berater, Firmeninhaber und Führungskräfte aus Wirtschaft, Verwaltung, Kommunen und sozialen Einrichtungen.

Literatur zu Mediation

Die ersten Titel der mittlerweile umfangreichen Literatur zu Mediation entstanden in den 1970er Jahre in den USA. Das „Harvard-Modell" von Ury und Fisher gilt nach wie vor als Klassiker der Grundlagenliteratur zur verhandlungsbasierten Mediation, wie sie auch heute noch die Basis für die Wirtschaftsmediation darstellt. Die folgenden Titel gelten als deutschsprachige Klassiker zum Thema Mediation.

Literatur

Diez et al. (2019): Werkstattbuch Mediation.
Fisher et al. (2018): Das Harvard-Konzept.
Besemer (2009): Mediation - Die Kunst der Vermittlung in Konflikten
Haft (2000): Verhandlung und Mediation.
Haft / Schlieffen(2015): Handbuch Mediation
Haynes et al. (2012): Mediation – Vom Konflikt zur Lösung.
Montada / Kals (2013): Mediation – ein Lehrbuch auf psychologischer Grundlage.

Noch Anfang der 1990er gab es in Deutschland kaum verfügbare Literatur jenseits des Themas Trennungs- und Scheidungsmediation. Von

Schulmediation war nur in Skripten aus Neuseeland oder den USA zu lesen. Mittlerweile kann man auch auf dem deutschen Buchmarkt Fachliteratur zu fast jedem Anwendungsgebiet der Mediation finden, und die Anwendungsgebiete bilden alle gesellschaftlichen, politischen und wirtschaftlichen Bereiche ab:

- Scheidung, Partnerschaft, Erziehung, Familie, Erbschaft
- Erziehung, Bildung in Kindergarten und Schule
- Hochschule, Forschung
- Nachbarschaft und Gemeinwesen, Vereine, Verbände, Sport
- interkulturelle, interreligiöse Konflikte
- Wirtschaft und Organisationen: Arbeitsplatz, innerbetriebliche Konflikte
- öffentlicher Dienst
- Medizin, Gesundheitssystem, Altenpflege
- Kirche
- Wirtschaft (zwischen Firmen)
- Unternehmensnachfolge
- Planen und Bauen
- Versicherungen
- Umwelt, öffentlicher Raum
- Polizei, Sicherheitsdienst
- Politik, Internationale Beziehungen, Friedenssicherung

Merksatz

Deutliche Indikatoren für die zunehmende Akzeptanz und Verbreitung von Mediaton sind: die Durchdringung aller Lebensfelder mit Mediation, die Entstehung von Mediationsliteratur für alle Lebensbereiche, die intensive Befassung und zunehmende Verankerung von Mediation im deutschen wie im europäischen Rechtssystem sowie die Zunahme von Hochschulen und Universitäten als Anbieter im Weiterbildungsmarkt für Mediation.

Anmerkung:
Auch wenn es inhaltlich der Grundidee von Mediation jeweils alle Beteiligten in ihrer Unterschiedlichkeit sichtbar werden zu lassen, am besten entsprechen würde: Um den Text leicht lesbar zu halten, wurde auf die explizite Nennung aller Geschlechter verzichtet und angesichts des schlanken Umfangs dieses Buchs die kürzeste Form benutzt. Die Schreibweise in der männlichen Form muss hier die Arbeit für alle anderen mittun.

Hauptteil

1 Was ist Mediation?

Im Folgenden soll nun der Begriff Mediation geklärt werden, um dann seine historischen und kulturellen Wurzeln sowie die Entwicklung des heutigen westlichen Verständnisses von Mediation zu beleuchten. Anschließend werden die Kennzeichen von Mediation erörtert und ihre Grenzen und Voraussetzungen beschrieben. Der letzte Abschnitt grenzt Mediation von anderen Verfahren ab.

Bedeutung des Begriffs „Mediation"

Der Begriff Mediation hat seine sprachlichen Wurzeln im Griechischen wie im Lateinischen: Den „mesitaes" – den Vermittler, abgeleitet von „mesos" – die Mitte, gibt es in Griechenland seit mehr als 2000 Jahren. „Mediator" leitet sich im weitesten Sinn vom lateinischen Wort „medius" ab. Es bedeutet wörtlich „mitten, dazwischenliegend" und wird im übertragenen Sinne für „vermittelnd, in der Mitte stehend, die Mitte haltend" oder auch für „neutral, unparteiisch" verwendet (Langenscheidts Großes Schulwörterbuch Lateinisch Deutsch). „Medium paci se offere" bedeutet: „sich als Mittler für den Frieden anbieten". Der Begriff „mediator" findet sich bereits 130 n. Chr. in lateinischen Schriften.

Mediatoren oder Vermittler gab es in der europäischen Geschichte in allen Epochen. Ihre Aufgabe und die Haltung, in der sie ihre Tätigkeit versahen, lassen sich jedoch nicht mit der heutigen Mediation gleichsetzen. Dennoch zeigt ihre Existenz in der Politikgeschichte das Bedürfnis, sich anders als durch Gewalt und kriegerische Auseinandersetzung zu verständigen. Ein historisches Beispiel der Neuzeit sind die Verhandlungen zum Westfälischen Frieden 1648 mithilfe eines „mediators" aus Venedig und eines des Papstes.

Literatur

Duss-von Werdt (2011): Einführung in die Mediation.

Kulturelle und geschichtliche Wurzeln

Auch wenn die Herkunft des Wortes Mediation es nahelegt: Man kann weder die Entstehung der Mediation noch ihre Verbreitung allein dem europäischem Kulturraum zuordnen. Grundhaltung und Idee der außergerichtlichen Konfliktklärung, die im Bemühen um ein Verstehen aller Seiten unter der Führung eines unabhängigen Dritten stattfindet, gibt es z.B. bei afrikanischen Völkern, in Lateinamerika, Melanesien, Jordanien sowie in Japan und China. Prägend für die Ausbildung von Mediation in China war das konfuzianische Ideal gesellschaftlicher Harmonie – das harmonische Zusammenleben mit dem Nächsten war weitaus wichtiger als der exakte materielle Ausgleich untereinander (Montada/Kals 2007). In China galt es lange Zeit als Gesichtsverlust, sich vor Gericht Recht zu verschaffen.

Merksatz

Mediation ist eine alte Kunst; sie ist ein weltweit bekanntes Konfliktlösungsverfahren und in vielen Kulturen verbreitet.

Auch Religionsgemeinschaften, z.B. die Quäker und Mennoniten, spielten in der Entwicklung der Mediation eine Rolle: Ihre Verpflichtung zur Friedfertigkeit ließ sie gewaltfreie Wege der Konfliktklärung entwickeln; sie sind auch heute noch international in der Vermittlung tätig. Quäker haben sich z.B. bei der Vermittlung im Biafrakrieg (1967–1970) engagiert.

Literatur

Besemer (2009): Mediation – Die Kunst der Vermittlung in Konflikten.

Internet

Zeittafel zur Entwicklung Mediation: https://mediation-dach.com/fileadmin/pdf/historisches.pdf

Heutige, in der westlichen Welt ausgeübte Mediation hat ihren Ausgangspunkt in den USA und fand Anfang der 1980er Jahre nach Deutschland.

Die Entwicklung in den USA

Die Geschichte der Mediation in den USA ist eng verbunden mit den jeweiligen gesellschaftlichen Entwicklungen. Folgende Wegmarken sind hier hervorzuheben: Bereits 1898 setzte der amerikanische Kongress Mediation als gesetzliches Mittel bei Arbeitsplatzkonflikten fest. 1913 wurde das Verfahren in Konflikten um den Eisenbahnbau eingesetzt – vermutlich nicht zuletzt deshalb, weil im Eisenbahnbau viele chinesische Arbeiter tätig waren, die Mediation aus ihrer Kultur mitgebracht hatten. Ab ca. 1920 wurden verschiedene Organisationen mit dem Ziel der Conciliation (= Versöhnung) gegründet, u.a. das Jewish Conciliation Board für die Jüdische Gemeinde in den Vereinigten Staaten. 1939 entstanden gerichtsinterne Versöhnungsberatungsstellen zur Eheberatung. 1947 gründeten Konfliktvermittler in Arbeitskämpfen den „Federal Mediation and Conciliation Service". Großen Aufschwung erlebte die Mediation in den 1960ern: Die Bürgerrechtsbewegungen bemühten sich offensiv um neue außergerichtliche Konfliktlösungswege (adr – alternative dispute resolution), da die eigene Justiz als rassistisch und elitär bewertet wurde. Neighbourhood Justice Centers boten Mediation als kostengünstigen Weg der Streitbeilegung an.

Ende der 1970er Jahre erfuhr Mediation durch die Zunahme von Scheidungsverfahren weitere Verbreitung: Die Gerichte waren heillos überlastet und viele Anwälte wurden zunehmend unzufrieden mit den gerichtlichen Scheidungsverfahren, weil diese Paare häufig in schwere Kämpfe trieben und zu immer mehr und tieferen Verletzungen führten.

Die Entwicklung in Deutschland

Die Idee der außergerichtlichen Einigung fasste auf einer pragmatischen Ebene bereits ab den 1960er Jahren mit der Einrichtung von Schiedsstellen in Deutschland Fuß (z.B. 1966 Gründung der Handwerks-Innungen, 1970 KFZ-Schiedsstelle beim ADAC Hamburg und der KFZ-Innung München, 1970 in den Architektenkammern, 1975 für Mietsachen). Den wesentlichen Boden für Mediation lieferten jedoch auch in Deutschland zunächst gesellschaftliche Entwicklungen: Die 68er Generation stellte alle gesellschaftlichen Mächte und Autoritäten infrage, damit auch die Justiz. Die Friedensbewegung kritisierte massiv die Idee der Sicherheit durch Hochrüstung und forderte das Ende des Kalten Kriegs sowie einen neuen, akzeptierenden und gewaltfreien Umgang mit der Sowjetunion. Der Vertrauensverlust gegenüber Rechtswesen, Politik und Militär förderte die Suche nach neuen, selbstbestimmten, vom Staat unkontrollierten Wegen.

In Trennungs- und Scheidungsverfahren gab es bei Rechtsanwälten, Mandanten und Richtern die gleichen Unzufriedenheiten wie in den USA, und so war dies der erste Anwendungsbereich, in dem Mediation Anfang der 1990er Jahre Fuß fasste – zunächst mit einem Pilotprojekt an der Universität Erlangen. Diesem folgte 1992 die Anerkennung des Grundkonzeptes von Mediation im Kinder- und Jugendhilfe-Gesetz (heute § 17 SGB VIII). Die sich Anfang der 1990er Jahre entwickelnde Debatte um Gewalt in der Schule mit lauten Rufen nach Prävention öffnete schließlich die Türen für den Einsatz von Mediation in der Schule, dort in der Regel als Peer-Mediation, in der ausgebildete Schüler-Mediatoren Streitsituationen ihrer Mitschüler mediieren.

Merksatz

Immer wenn der traditionelle juristische Weg unbefriedigend bis kontraproduktiv für einen Ausgleich der Interessen erlebt wurde, entwickelten gesellschaftliche, i. d. R. nicht-staatliche Kräfte, Mediation weiter.

Mediation in der politischen Auseinandersetzung

In politischen Auseinandersetzungen findet sich in Vergangenheit und Gegenwart immer wieder der unabhängige Vermittler – als Person oder als Staat –, der entweder direkt oder in Form von Pendeldiplomatie mit beiden Seiten arbeitet. Dazu ein Beispiel: Jimmy Carter vermittelte als amerikanischer Präsident 1979 in Gesprächen mit Menachem Begin (Israel) und Anwar as-Sadat (Ägypten) das Camp-David-Abkommen. Er führte das Gespräch weg von der festgefahrenen Position beider Staaten, die da hieß: „die Sinai-Halbinsel besitzen". Carter gelang es, die jeweils dahinterstehenden Interessen sichtbar zu machen: Einerseits der Sicherheitsbedarf Israels, das mit einem Besitz des Sinai verhindern wollte, dass aus diesem Gebiet nicht, wie kurz zuvor geschehen, Angriffe gestartet würden. Andererseits Ägyptens Angst vor einem Gesichtsverlust in der arabischen Welt bei einer Zustimmung zur Gebietsabtretung des Sinai an Israel. Die Lösung damals war die Schaffung einer entmilitarisierten Zone auf dem ägyptisch bleibenden Sinai mit den USA als Wächter über die Einhaltung des Abkommens. Als Einzelpersönlichkeit ohne politisches Mandat vermittelte Jimmy Carter auch gemeinsam mit Vertretern der „Moravian Church" 1989 in Nicaragua im Konflikt der Sandinisten mit den indigenen Miskitos (Besemer 1995, 49).

Artikel 33 in der Charta der Vereinten Nationen nennt Mediation ausdrücklich als eine mögliche Vorgehensweise bei politischen Interessenkonflikten. Die Erfolge der Vermittler hängen dabei nicht zuletzt davon ab, ob sie auch wirklich von beiden Seiten als unabhängig eingestuft werden.

Was leistet Mediation?

In der Mediation ist ein wichtiges Ziel, die persönlichen und/oder Arbeitsbeziehungen zwischen den Konfliktparteien auch im Hinblick auf die Zukunft zu verbessern. Weil sich der Kontakt aber nicht nur auf der Sachebene abspielt, muss Mediation einen Schritt weitergehen und auch die Beziehungen und die Art des Umgangs der Beteiligten untereinander als Thema aufgreifen. Im konkreten Ablauf der Mediation spielt deshalb das Sich-Mitteilen, das gegenseitige Zuhören eine wichtige Rolle. Der Mediator oder die Mediatorin ist dafür verantwortlich, dass dies in konstruktiver Weise geschieht und die wesentlichen Konfliktpunkte gemeinsam bearbeitet werden. Mediation kann man im Hinblick auf die Rolle des Mediators wie folgt beschreiben:

Merksatz

Mediation ist ein Weg der Konfliktlösung mithilfe eines allparteilichen und in der Sache neutralen Dritten, der von allen Beteiligten akzeptiert wird.

Dieser Dritte – der Mediator – unterstützt die Konfliktparteien darin, eigenverantwortlich eine ihnen allen angemessene Lösung für ihr Problem zu finden. Gelingt dies, entstehen keine Sieger oder Verlierer, sondern alle Beteiligten verlassen die Mediation mit Gewinn.
Dabei gehen Mediatoren davon aus, dass die Konfliktparteien aus einer Situation, in die sie sich miteinander gebracht haben, auch wieder herausfinden, wenn sie dazu bereit sind; und davon, dass eine von den Beteiligten selbst gefundene Lösung weit stabiler sein wird, als gute Ratschläge oder Beratungen von Außenstehenden. In diesem Sinn arbeiten die Konfliktparteien selbstständig und inhaltlich unbeeinflusst vom Mediator ihre Lösungsideen aus, der Mediator steht ihnen bei dieser Erar-

beitung sichernd zur Seite.

Im Bild lässt sich Mediation folgendermaßen veranschaulichen: Die Konfliktparteien sind wie Bergsteiger, die sich entschieden haben, einen schwierigen Gipfel zu erklimmen und dafür einiges an Zeit und Energie aufzuwenden. Der Mediator nimmt die Rolle des Bergführers ein, der dafür sorgt, dass sie sich nicht auf Pfade begeben, die in weglosem Gelände enden, sich nicht in dornigem Gestrüpp am Wegrand verheddern, das Ziel nicht aus den Augen verlieren und Kräfte des Umfelds, wie etwa das Wetter, nicht außer Acht lassen.

Merksatz

Wesentlich für das Gelingen einer Mediation ist, dass alle Beteiligten dem Verfahren als Lösungsweg zustimmen und freiwillig am Mediationsprozess teilnehmen; bei Arbeitsplatzkonflikten müssen auch die jeweiligen Vorgesetzten die Mediation unterstützen.

Was kennzeichnet Mediation?

Mediation ist also, wie die bisherigen Ausführungen gezeigt haben, Vermittlung in Konflikten. Das Wort „Vermittlung“ ist einerseits technisch korrekt, denn es geht in der Mediation genau um dieses „in der Mitte stehen“ und von der Mitte aus beiden Seiten Kontakt und Verständnis zu ermöglichen, als Voraussetzung für eine gemeinsame Lösungsfindung. Anhand einer umfassenden Definition von Mediation, die sich aus den vorherigen Ausführungen ableiten lässt, sollen die genauen Kennzeichen des Vermittlungsprozesses Mediation beleuchtet werden.

Definition

Mediation ist ein

- **Verfahren zur Vermittlung in Konflikten,**
- **bei dem alle Konfliktbeteiligten einbezogen sind**
- **und in direktem Kontakt zueinander**
- **unter der Leitung und Gesprächsführung eines Dritten,**
- **der am Konflikt unbeteiligt, in der Sache neutral und allparteilich für alle Konfliktparteien arbeitet,**
- **eine einvernehmliche Lösung,**
- **in der die Interessen und Bedürfnisse aller Seiten berücksichtigt sind, erarbeiten.**
- **Mediation ist freiwillig und**

- **alle Beteiligten bleiben jederzeit selbstbestimmt in ihren Entscheidungen.**
- **Mediation ist im Gegensatz zu einer Gerichtsentscheidung ein informelles Verfahren, in dem es keine entscheidungsbefugte Autorität jenseits der Parteien gibt.**

Die Einbeziehung aller Konfliktparteien ist Grundvoraussetzung dafür, dass tatsächlich alle Interessen auf den Tisch kommen und bearbeitbar werden. Mediation ohne eine Auseinandersetzung mit allen Seiten, die im Konflikt eine Rolle spielen, ist nicht zielführend, weil damit wesentliche Informationen, aber auch Ressourcen fehlen würden, um zu einer wirklich guten Lösung zu kommen.

Mediation findet in aller Regel in direktem Kontakt statt. Dies unterscheidet durch Mediation herbeigeleitete Lösungen wesentlich von hierarchischen oder obrigkeitlichen Entscheidungen, in denen häufig übergeordnete Instanzen – mit oder ohne Anhörung der Betroffenen – Entscheidungen treffen. In Firmen, Betrieben oder Vereinen z.B., entscheiden Vorgesetzte oder Vorstände vieles hinter verschlossenen Türen. In einem Rechtsstreit kann Recht gesprochen werden, auch wenn der Beklagte nicht erscheint. Ebenso können die Beteiligten in vielen juristischen Angelegenheiten Rechtsanwälte beauftragen, sodass tatsächlich kein direkter Kontakt nötig ist. Dabei wird auch die Beteiligung an allen Verhandlungen komplett an den eigenen Anwalt delegiert.

Es gibt jedoch Situationen, in denen auch bei einer Mediation die Beteiligten nicht in direktem Kontakt zueinander stehen. Bei hoch eskalierten Konflikten braucht es z. B. häufig zunächst getrennte Arbeitsphasen. Auch sogenannte „kalte" Konflikte (siehe Kapitel 2) erfordern getrennte Arbeit mit den beteiligten Seiten, um diese wieder in die Lage zu versetzen, ein positives Ziel in den Blick zu nehmen. Diese der Definition „in direktem Kontakt" zunächst widersprechenden Vor-, bzw. Einzelgespräche haben letztlich zum Ziel, dass direkter Kontakt – im konstruktiven Sinn – wieder möglich wird (Ausnahme: Format Shuttle-Mediation, S. 90 f.).

Ob ein Mediator tatsächlich neutral, unparteiisch bzw. allparteilich sein kann, wird in der Fachdebatte immer wieder hinterfragt. Denn Allparteilichkeit wird einerseits nicht als „weiches" Kriterium gesehen, sondern als die Grundvoraussetzung für gelingende Gespräche. Gleichzeitig gehen Mediatoren in Forschung und Praxis von einem Wirklichkeitsverständnis aus, das aus dem systemischen Konstruktivismus kommt, d.h. davon, dass Wirklichkeit nicht objektiv besteht, sondern in jedem Moment jeweils subjektiv, von jedem Individuum selbst konstruiert wird, sodass es im Prinzip keinen allparteilichen oder neutralen Standpunkt geben kann. Wie soll also ein Mediator, der sich nach diesem Verständnis ebenso in einer von ihm konstruierten, subjektiven Welt bewegt, neutral sein? In diesem Spannungsverhältnis stehen alle Mediatoren, und sie müssen sich die geforderte Allparteilichkeit fortwährend neu erarbeiten, denn die Parteien fordern diese Haltung mit jeder ihrer Äußerungen neu heraus. Allparteilichkeit ist nicht durch ein Summenspiel herstellbar, indem z.B. der Mediator einmal für die eine und dann für die andere Seite Partei nimmt. Täte er dies, würde er sich permanent in der Parteilichkeit befinden und damit nur das Gleiche tun wie die Parteien ohne ihn auch. Er muss in dieser „Mitte“ bleiben , aus der heraus er sowohl mit der einen wie der anderen Seite empathisch sein kann. Nur das rettet ihn davor, sich in die Sichtweise und Gefühlswelt der Medianden zu verstricken. Erst das In-die-Mitte-Holen der Anliegen einer Partei macht der anderen Partei den Zugang dazu möglich.

Merksatz

Allparteilichkeit und Neutralität sind Wirklichkeitskonstruktionen, die kein Mensch als Dauerstatus oder Eigenschaft für sich in Anspruch nehmen kann; eine Seite zu verstehen und dennoch nicht zur Partei dieser Seite zu werden, erfordert vom Mediator einen permanenten, aktiven, inneren Prozess des Ausbalancierens.

Ob diese Allparteilichkeit eines Mediators tatsächlich wirkt, liegt nicht nur an ihm allein, sondern ganz wesentlich daran, wie er durch die Konfliktparteien wahrgenommen wird. Ein Beispiel: Frau Stiller, die mit der Nachbarsfamilie Fröhlich im Streit über die Lautstärke der Kinder in Hof und Treppenhaus liegt, fragt sich, ob Herr Frei als Mediator vom Nachbarschaftszentrum nicht doch Familie Fröhlich näher stehen wird, weil auch er – im Gegensatz zu Frau Stiller – Kinder hat. Auch wenn sich Herr Frei völlig sicher ist, allparteilich sein zu können, kann Frau Stillers Bedenken dazu führen, dass sie ihn gar nicht als neutral und unbeteiligt wahrnehmen kann. Egal wie gut Herr Frei als Mediator arbeitet – in dieser Situation wäre er der falsche Mediator und eine andere Kollegin des Nachbarschaftszentrums sollte die Aufgabe übernehmen.

Ziel der Mediation ist eine einvernehmliche, von allen Seiten getragene Lösung des Konflikts oder eine Vereinbarung zum Umgang mit dem Konflikt. Eine sogenannte Win-Win-Lösung, also ein Gewinn für beide Seiten, soll entstehen – im Gegensatz zu einem Gerichtsurteil oder zu einer disziplinarischen Maßnahme, die für eine Partei „win" und für die andere „lose" bedeutet. In vielen Mediationen ist eine Lösung möglich, die alle Beteiligten als echten Gewinn an Lebens-, Beziehungs- oder Arbeitsqualität spüren. „Win-Win" hört sich schön an, trifft letztlich aber auch auf Situationen zu, die keine „schöne" Lösung erreichen, sondern in denen „nur" ein kleinster gemeinsamer Nenner entsteht. Dieser könnte die Basis für Absprachen bilden, die den Konflikt zwar nicht lösen, jedoch die weitere Eskalation verhindern. In einem Konflikt unter den Erzieherinnen eines Kindergartens könnte dies so aussehen: „Wir merken alle, dass es uns nicht weiterhilft, wenn die Eltern unseren Ärger aufeinander mitbekommen. Es wird nur schlimmer. Hören wir also auf, vor den Eltern Schuld auf die anderen Kolleginnen zu schieben. Unsere Vereinbarung heißt: Unsere Konflikte untereinander werden weder gegenüber den Kindern noch den Eltern angesprochen und ausgetragen."

Faktisch befriedigt diese Lösung einen Teil der Bedürfnisse der Beteiligten, z.B. nach Sicherheit; es entspricht wahrscheinlich auch ihrem Interesse, ihre Ressourcen an Zeit und Kraft sinnvoll nutzen zu können und nicht weiter in einen Kampf gegeneinander stecken zu müssen. In diesem Sinn hat sich dieses Team aus einem ins „Lose-Lose" führenden Kampf eine Win-Win-Situation erarbeitet. Andere Bedürfnisse und Interessen wie „Anerkennung" und „gemeinsamer Erfolg" werden damit nicht erreicht. Das Hochgefühl, das der Begriff „Win-Win" verheißt, kann Mediation nicht in jedem Konflikt erzielen. Die Konfliktparteien spüren in solchen Situationen sehr deutlich, wie weit sie von einer „schönen" Lösung entfernt sind, wenn die Situation, etwa in einer Arbeitsbeziehung, angespannt bleibt. Auf lange Sicht ermöglichen solche Ergebnisse immer wieder, dass Trennungen ohne weitere Machtkämpfe möglich werden.

Merksatz

Mediatoren müssen ihren Kunden sehr deutlich machen, dass Mediation keine Garantie für schöne Lösungen ist; die unterste Stufe einer Einigung in einer Mediation kann sein, sich einig zu sein, sich nicht einigen zu können.

Mediation kann nicht erzwungen werden, da ein Zwang zur Mediation der in diesem Verfahren so hoch geschätzten Souveränität des Einzelnen und der Achtung seiner Selbstbestimmung diametral entgegenstehen würde. Dennoch gibt es eine Reihe von Arbeitsfeldern der Mediation, in denen diese hundertprozentige Freiwilligkeit nicht gegeben ist, und zwar überall dort, wo es Hierarchien gibt. Mediationsprozesse in der Arbeitswelt finden nur statt, wenn ein Vorgesetzter diese ermöglicht, bzw. entscheidet, dass ein Konflikt mithilfe von Mediation statt z. B. mithilfe einer Kündigung geklärt werden soll. Unter den betroffenen Mitarbeitern kann die Motivation zur Teilnahme an der Mediation dann höchst unterschiedlich sein. So manchen plagt vielleicht die Sorge, damit in noch größere Schwierigkeiten zu kommen. Durch das Machtverhältnis in der Arbeitsbeziehung Chef-Untergebener existiert hier per se keine Freiwilligkeit. Es kann den Mitarbeitern aber ermöglicht werden, der Mediation zuzustimmen oder sie abzulehnen.

Merksatz

Es gehört zur Verantwortung des beauftragten Mediators, nach besten Kräften und Möglichkeiten dafür zu sorgen, dass niemand zur Teilnahme an einer Mediation gezwungen wird. Das Prinzip der Freiwilligkeit wandelt sich in hierarchischen und Zwangskontexten dahingehend, dass zumindest Zustimmung bei den Beteiligten eingeholt wird.

Die Streitenden bleiben in der Mediation selbstbestimmt – nicht fremdbestimmt wie z. B. vor Gericht. Sie entscheiden selbst über die Art, den Inhalt und den Umfang ihrer Lösung. Voraussetzung hierfür ist, dass beide Parteien den gleichen Kenntnisstand, die gleichen Informationen zum Konflikt haben und sich beide gleichwertig und gleichbedeutend einbringen können. Der Mediator ist nicht als Experte oder Berater gefragt – selbst wenn seine Erfahrung nahe legt, dass er am besten wüsste, was zu tun sei – und hat keine inhaltlichen Entscheidungsbefugnisse, sondern alle Macht dazu verbleibt in den Händen der Streitenden. Die Aufgabe des Mediators in der Lösungsphase ist stattdessen, dafür zu sorgen, dass, z. B. mit Hilfe kreativer Methoden und bezogen auf die herausgearbeiteten Bedürfnisse und Interessen, neue Ideen entstehen, aus denen die Konfliktparteien dann für sie stimmige und langfristig tragfähige Vereinbarungen erarbeiten. Auf diese Weise ist auch am ehesten gewährleistet, dass die erarbeiteten Lösungen auch wirklich zu den jeweiligen Kontrahenten passen.

Mediation ist ein informelles Verfahren (im Gegensatz zum gerichtlichen Verfahren oder einer polizeilichen Strafverfolgung). Es gibt keine rechtliche Sanktions- oder Entscheidungsmacht jenseits der Streitenden. Findet die Mediation z.B. in einem beruflichen Rahmen statt oder geht es auch um rechtliche Fragen, dann stecken diese den Rahmen für den möglichen Grad an Selbstbestimmung. Im beruflichen Kontext muss immer vorab geklärt werden, welchen Spielraum z.B. ein Vorgesetzter seinem Mitarbeiter-Team einräumen kann, um selbst Lösungen zu finden.

Fallbeispiel: Die Mitarbeiter einer Abteilung sind im Büro der gemeinsamen Sekretärin mehrfach heftig aneinandergeraten. Der Abteilungsleiter entschied sich für Mediation statt Abmahnungen, Anweisungen, Versetzungen. In der Mediation wurde sichtbar, dass alle darin übereinstimmten, dass für die Abteilung zu wenig Sekretariatsarbeitszeit vorhanden ist. Alle Mitarbeiter konkurrierten darum, Arbeiten bei der Sekretärin unterzubringen. Das Klima untereinander hatte sich durch diesen Notstand völlig aufgeheizt. Die erste Lösungsidee der Mitarbeiter war, mehr Personal zu fordern. Doch da Stellenerweiterungen von der Geschäftsleitung definitiv abgeblockt würden, konnte der Vorgesetzte diesen Spielraum nicht einräumen; die Mitarbeiter mussten nach anderen Lösungen suchen. Die Mediation hatte außerdem gezeigt, dass die Mitarbeiter ihre Bedeutung für den Betrieb daran maßen, wie viel Zeit der Sekretärin sie für ihre Arbeit jeweils beanspruchen konnten.

Die Lösung war nun, zu prüfen, welche Arbeit der Sekretärin für alle am nützlichsten ist, damit sich die Mitarbeiter nicht gegenseitig die Arbeitskraft der Sekretärin wegnehmen, für Dinge, die sie relativ einfach auch selbst erledigen könnten. Gleichzeitig erhielt der Chef Feedback darüber, dass sich alle mehr Klarheit darüber wünschten, wie er ihre Arbeit einschätzt.

Merksatz

Zu wissen, dass Mediation informell ist und damit außerhalb eines Sanktionsrahmens stattfindet, weckt bei den Beteiligten die Bereitschaft, Lösungen jenseits des „Dienstwegs" kreativ selbst zu gestalten.

Der Begriff „Vermittlung" lässt noch nichts von der Dynamik und der Tiefe des Mediationsvorgangs spüren. Es ist wie mit einem Kochrezept:

Den wirklichen Geschmack gibt das Rezept nicht preis. Die Zutaten setzen den Rahmen des Möglichen; die Art der Zubereitung und des Umgangs mit den Zutaten entscheidet über Geschmack und Aussehen. Die einzelnen Arbeitsschritte bilden den roten Faden, und das Zusammenspiel der Zutaten in ihrer Unterschiedlichkeit, ihrer „Geschichte" – etwa als frisch geerntetes, gut gepflegtes oder als unreif verladenes und angefaultes Gemüse – bestimmen die Qualität des Gerichts.

Literatur

Keydel (2021): Die Big Five der Konfliktarbeit.

Allheilmittel Mediation? – Grenzen und Voraussetzungen

Gute Mediatoren wissen, dass Mediation nicht für jeden Konflikt passt – ganz im Sinne des Sprichworts: „Wer für alles offen ist, kann nicht ganz dicht sein." Mediation gibt es zwar in fast allen denkbaren Gebieten des Lebens, aber sie hat klare Voraussetzungen und Grenzen, die man beachten muss, wenn eine Mediation erfolgreich sein soll.

Grenzen

Für die hier folgende Darstellung der Grenzen gilt: Ausnahmen bestätigen die Regel. Solche sind dann möglich, wenn ganz besondere Bedingungen geschaffen werden können, z. B. gibt es hochspezialisierte Beratungsstellen, die erfolgreich Mediation in Familiensachen bei hocheskalierter Gewalt durchführen. Dennoch kann man keinem ansonsten leidlich in Mediation erfahrenen Mediator raten, selbst solch einen Fall anzunehmen.

Mediation ist kontraindiziert,

- wenn die Autonomie bzw. Eigenverantwortung eines Beteiligten zu gering ist, z. B. bei Sucht, bei Menschen, die eigentlich Therapie benötigen, bei Krankheit, Alter oder Behinderung;
- bei hoher beziehungsimmanenter Gewalt, z. B. Prügelattacken unter Ehepartnern oder gegenüber Kindern, oder bei Einschüchterungen und Drohungen in einem Team oder in einer Gruppe;
- bei einem starken Machtgefälle, z. B. Lehrer-Schüler, Chef-Mitarbeiter, in dem eine Seite auf Grund von Hierarchie oder anderer Machtstrukturen nicht ebenbürtig zum andern handeln kann oder darf *und* kein Machtausgleich möglich ist;

- wenn von den Beteiligten der Rahmen der Mediation nicht akzeptiert wird;
- wenn Gefahr im Verzug ist, sodass sehr schnell Entscheidungen gefällt werden müssen, um Schlimmeres zu verhindern, z. B. mitten in einer tätlichen Auseinandersetzung;
- wenn niemand als wirklich neutraler, bzw. als neutral anerkannter Mediator zur Verfügung steht.

Mediation ist wenig aussichtsreich,
- wenn bei den Beteiligten keine ausreichende Motivation vorhanden ist, Verantwortung zu übernehmen und die nötige Anstrengung einer Mediation auf sich zu nehmen;
- wenn die Folgen eines Konflikts für die Beziehung beider Seiten nicht relevant sind und eher ein Schiedsrichter oder Richter gesucht wird, z. B. zwischen Fremden auf der Straße oder bei einmaligen Geschäftsbeziehungen;
- wenn eine wichtige Seite nicht vertreten ist, sich nicht beteiligen will oder kann;
- wenn gravierende Unterschiede in den Wertorientierungen die Konfliktursache bilden.

Ein Mediator darf einen Auftrag nicht annehmen
- bei einseitiger Vertrautheit mit einer Partei;
- wenn seine eigenen starken Werthaltungen und Überzeugungen in diesem Konflikt berührt werden;
- wenn er selber in einem Machtgefälle gegenüber einem oder allen Beteiligten steht (z. B. als Vorgesetzter oder Untergebener);
- wenn er selber Mitglied einer in diesem Konflikt relevanten Gruppe ist (etwa Vereinszugehörigkeit).
- wenn er in derselben Sache bereits vorher für eine Seite tätig war (s. MediationsG, § 3 (2)).

Voraussetzungen

Grundvoraussetzung jeder Mediation ist, dass ein geschützter Rahmen für die Klärung hergestellt werden kann, damit sich die Beteiligten wirklich sicher fühlen können. Es braucht z. B. einen ruhigen, störungsfreien Raum sowie ausreichend Zeit, um arbeiten zu können. Im Arbeitsbereich ist darüber hinaus z. B. auch die Zusage des Chefs nötig, dass die Mitarbeiter keine Konsequenzen für ihre Offenheit fürchten müssen, wenn sie Unbequemes äußern. Wo dies nicht geht, hat Mediation nichts verloren.

Damit Mediation erfolgreich durchgeführt werden kann, braucht es außerdem die Bereitschaft der Beteiligten,

- für den eigenen Konflikt und das eigene Verhalten Verantwortung zu übernehmen und Energie für eine Lösung zu investieren;
- zu der gemeinsamen Zielsetzung, den Konflikt auf eine für beide Seiten annehmbare Art zu lösen;
- den Mediator in seiner (gesprächs-) führenden Rolle zu akzeptieren.

Abgrenzung der Mediation zu anderen Verfahren

Mediation ist nur eines von verschiedenen Verfahren, das bei Störungen, Konflikten und Auseinandersetzungen angewendet wird. So stellt sich die Frage, worin denn der Unterschied zu anderen Verfahren besteht.

Rechtlich orientierte Verfahren: Schlichtung – Schiedsgericht – Anwaltsverhandlung

Schlichtung ist in Deutschland v.a. im Zusammenhang mit Tarifverhandlungen und arbeitsrechtlichen Auseinandersetzungen bekannt. Zwei Parteien, die eine Einigung herbeiführen müssen, wenden sich an einen externen Schlichter, der – im Gegensatz zum Mediator – auch Lösungsoptionen vorschlägt und je nach vorheriger Vereinbarung sogar die Entscheidung trifft. In Bayern z.B. müssen die Parteien in bestimmten Streitsachen zuerst ein Schlichtungsverfahren durchlaufen, und nur bei dessen Scheitern wird ein Gerichtsverfahren möglich. Die Hoffnungen der Justiz, dass sich dadurch vieles ohne Prozess lösen ließe, haben sich allerdings nicht erfüllt, denn der Zwang zur Schlichtung führt bei den Parteien häufig dazu, dieses Verfahren scheitern zu lassen, um dann doch vor Gericht um ihr Recht kämpfen zu können.

Beim Schiedsgericht wird die Schlichtung von Streitigkeiten tatsächlich in einem gerichtsartigen Verfahren ausgeübt. Ihm steht eine Person mit Befähigung zum Richteramt, bzw. ein Volljurist, vor, und weitere Richter werden von beiden Seiten benannt (z.B. Fachexperten). Beide Parteien haben in der Vereinbarung zur Durchführung eines Schiedsgerichtsverfahrens erklärt, sich der Entscheidung dieses Schiedsgerichts zu unterwerfen. Im Unterschied zu Entscheidungen staatlicher deutscher Gerichte sind Schiedsgerichtsentscheide auch grenzüberschreitend anerkannt und vollstreckbar.

Eine Anwaltsverhandlung zeichnet sich dadurch aus, dass die Parteien selbst am Verfahren gar nicht teilnehmen, sondern sich durch ihre Anwälte vertreten lassen. Die Anwälte haben ein vollständiges Mandat, mit der Gegenseite zu verhandeln.

In ihrer Unterschiedlichkeit ist diesen drei Verfahren gemeinsam, dass die Parteien die Hoheit über die Lösung des Konflikts teilweise oder vollständig an Dritte abgeben.

Literatur

Trenczek, T. et al. (2017): Mediation und Konfliktmanagement.

Persönlich orientierte Verfahren: Coaching – Supervision

Coaching ist i.d.R. im beruflichen Bereich angesiedelt und zielt auf die Weiterentwicklung und den Erhalt der Leistungsfähigkeit. Coaching arbeitet lösungs- und ergebnisorientiert.

Definition

„Coaching ist die professionelle Beratung, Begleitung und Unterstützung von Personen mit Führungs- / Steuerungsfunktionen und von Experten in Unternehmen / Organisationen.“ (https://www.dbvc.de/standards-fuer/coaching/begriffsbestimmungen).

Supervision ist eine Form der beruflichen Beratung, in der die Beziehung zwischen Aufgabe, Rolle, Ressourcen sowie der Beziehungsgestaltung zu Klienten und Kollegen bearbeitet wird, um die Qualität beruflicher Arbeit zu sichern und zu verbessern. Supervision geschieht als Einzel- oder als Gruppen- bzw. Teamsupervision.

Coaching und Supervision beschränken sich nicht auf das Thema Konflikt, sondern umfassen die gesamte berufliche Situation. Geht es dabei um Konflikte, so geschieht die Bearbeitung ohne Anwesenheit der zweiten Konfliktpartei. Eine Ausnahme bildet die Teamsupervision, sofern sich der Konflikt zwischen Teammitgliedern entwickelt hat.

Verfahren zur Gesprächsführung: Moderation

Moderation bedeutet Gestaltung der Gesprächsführung in einer Weise, in der sich alle Beteiligten einbringen können, ohne vom Leiter des Gesprächs (=Moderator) inhaltlich in irgendeine Richtung geführt zu werden. Zur Moderation gehört immer, auf die Reihenfolge der Wortmeldungen und die Beteiligungsmöglichkeit für alle Seiten zu achten sowie den roten Faden des Gesprächs zu bewahren. Auftrag des Moderators ist häufig, im Rahmen der gegebenen Zeit auf die Formulierung und Präsentation von Ergebnissen hinzuarbeiten. Im Unterschied zum Mediator hat ein Moderator keinen Auftrag, Konflikte zu klären oder Beziehungen aufzuarbeiten.

Instrumente betrieblicher Planung und Führung: Personalentwicklung – Organisationsentwicklung

Personalentwicklung dient der Förderung bereits vorhandener Kompetenzen sowie der Entwicklung neuer Kompetenzen der Mitarbeiter. Personalentwickler sind häufig mit Konflikten in Teams und Abteilungen befasst, und ihre Aufgabe ist es, geeignete Maßnahmen für diese Situation bereitzustellen. Häufig sind sie diejenigen, die Mediatoren für innerbetriebliche Konflikte vermitteln können.

Organisationsentwicklung dient der Weiterentwicklung von Firmen und Organisationen, um erfolgreich auf dem Markt zu bestehen, und setzt häufig dann ein, wenn bereits Schwierigkeiten entstanden sind. Konflikte in betrieblichen Kontexten weisen häufig auf ungelöste Probleme der Gesamtorganisation hin, sodass Mediation und Organisationsentwicklung (OE) hier sinnvoll Hand in Hand arbeiten können: 1. akute Konfliktbewältigung durch Mediation, 2. Anschlussmaßnahmen der OE, um solchen Konflikten auf der Struktur- und Organisationsebene künftig vorzubauen.

2

Was macht einen Konflikt aus?

Wer mediiert, muss sich mit Konflikten auskennen. Dieses Kapitel definiert den Konflikt, beschreibt sein Wesen und seine Funktion, sowie die Stufen seiner Eskalation und den möglichen Aggregatszustand als „heißen" oder „kalten" Konflikt, um zu einem Verständnis zu führen, mit dem man als Mediator Konflikten begegnen und kompetent mit und in ihnen arbeiten kann.

Das Ausmaß eines Konfliktes

Konflikt bedeutet „Streit", „Auseinandersetzung" und kommt aus dem Lateinischen „confligere" für zusammenprallen, zusammenstoßen.

Landläufig bezeichnet man mit Konflikt den Moment des Zusammenpralls von Gegensätzlichem, Unvereinbarem. Das kann offensichtlich und lautstark geschehen, leise oder gänzlich unausgesprochen bleiben, atmosphärisch spürbar – oder auch nicht – sein. Das Wahrnehmbare des Konflikts kann man mit der Spitze eines Eisbergs gleichsetzen. Das Eisberg-Modell nach Christoph Besemer (Abbildung 1) macht jedoch anschaulich: Der gesamte Konflikt hat ein weit größeres Ausmaß.

Wie bei einem Eisberg liegt in Konfliktsituationen weit mehr „Masse" unter der (Wasser-) Oberfläche als darüber. Menschen im Konflikt verheddern sich miteinander häufig in dem Thema über der Wasseroberfläche, ohne den unter Wasser aktiven Teil des Konflikts anzuschauen. Der Klassiker ist die nicht zugeschraubte Zahnpastatube: Das Paar streitet wegen des verschwundenen Deckels, darüber, dass die Zahnpasta austrocknet oder wie die Ordnung im Bad auszusehen hat usw. Der eigentliche Konflikt liegt aber auf der Beziehungsebene: Zum Beispiel möchte er nicht hinter seiner Partnerin herräumen müssen, sie will sich von ihm nicht wie früher von ihrem Vater maßregeln lassen – und prompt landen beide genau in der nicht gewollten Struktur, wenn sie nur über die Zahn-

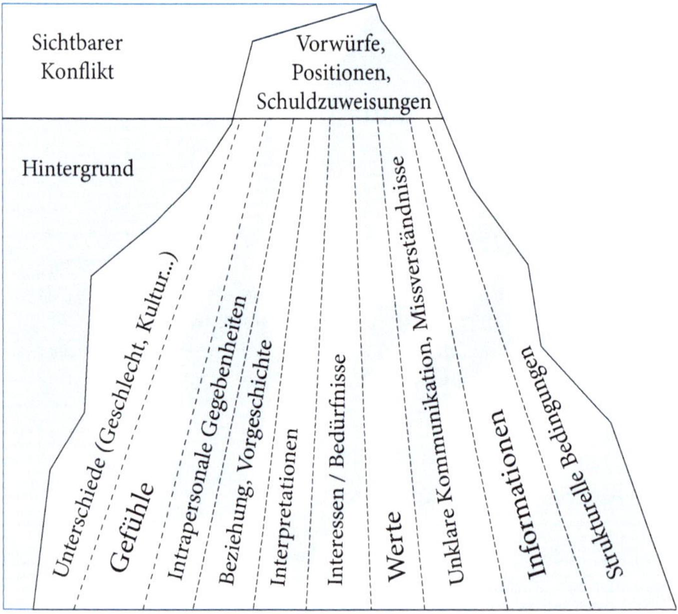

Abbildung 1: Das Eisbergmodell (nach Besemer 2009) zeigt die Oberflächen-Ebene der Konfliktaustragung und die darunter liegenden Antriebskräfte im Untergrund.

creme-Tube sprechen. Das Bedürfnis des Mannes ist vielleicht Verlässlichkeit und Achtung seiner Person als Partner, vielleicht auch Fürsorge. Ihres ist vielleicht Freiheit und Eigenständigkeit, vielleicht ebenfalls Achtung ihrer Person als Partnerin. Eine gute Lösung – selbst für den Teil des Konflikts über Wasser – wird erst möglich, wenn beide ihre Bedürfnisse und ihre Beziehung anschauen.

Konflikt – eine Definition

Es gibt eine ganze Fülle von Definitionen für Konflikte, die – je nach Schwerpunkt oder Kontext des jeweiligen Arbeitsfeldes – verschiedene Aspekte betonen, andere eher vernachlässigen. Mediation ist vornehmlich mit Konflikten befasst, in denen die Konfliktbeteiligten in einer Wechselbeziehung stehen. In dieser Situation braucht die eine Seite zur Verwirklichung ihrer Interessen bzw. zur Erfüllung ihrer Bedürfnisse eine

Veränderung der anderen Seite oder bei sich selbst – sei es ein Einlenken, Unterwerfen, Anerkennen, Eingehen oder Sich-geschlagen-Geben. So bietet sich eine Definition an, die insbesondere diese Wechselbeziehung des eigenen Tuns und Erlebens zu dem Tun und Erleben des anderen in den Blick nimmt. Mediatoren und Mediationsausbilder greifen deshalb vor allem auf Friedrich Glasls Definition vom „Sozialen Konflikt" zurück:

Definition

„Sozialer Konflikt ist eine Interaktion

- **zwischen Aktoren (Individuen, Gruppen, Organisationen, usw.)**
- **wobei wenigstens ein Aktor**
- **eine Differenz bzw. Unvereinbarkeiten im Wahrnehmen und im Denken bzw. Vorstellen und im Fühlen und im Wollen**
- **mit dem anderen Aktor (den anderen Aktoren) in der Art erlebt,**
- **dass beim Verwirklichen dessen, was der Aktor denkt, fühlt oder will, eine Beeinträchtigung**
- **durch den anderen Aktor (die anderen Aktoren) erfolge." (Glasl 2020, 17)**

Wesentlich ist, dass zwischen den Beteiligten ein Verhältnis vorhanden ist, in dem eine Art Kommunikation oder Interaktion, zumindest von einer zur andern Seite, besteht.

Beispiel: Zwei Hausbewohner, die unterschiedliche Musik mögen, diese in Zimmerlautstärke oder mit Kopfhörer abspielen und sich aufgrund ihrer unterschiedlichen Arbeitszeiten noch nicht einmal kennen, können nicht in einen Konflikt geraten. Sobald einer von ihnen den Lautstärkeregler aufdreht, und der andere dessen Musik mithört, kann sich ein Konflikt mit folgenden Differenzen entwickeln: Eine Differenz

- im Wahrnehmen, weil nur der eine hört, dass die Musik des anderen in die Wohnung dringt und dies dem anderen u. U. gar nicht bewusst ist;
- im Denken, weil der eine diese Musik als „grässlich", „primitiv" oder anderweitig negativ beurteilt;
- im Vorstellen, weil er bereits mit der Musik und der Lautstärke ein Bild der Person des anderen als rücksichtslos, ausschweifend, also ebenfalls negativ, kreiert;
- im Interpretieren, nachdem sich z. B. beide im Treppenhaus begegnet sind, und der andere – aus welchen Gründen auch immer – nicht gegrüßt hatte;

- im Fühlen, weil der eine von Mal zu Mal schneller ärgerlich und aufgebracht wird;
- im Wollen, weil er seine Ruhe haben, abschalten, chillen möchte, und die Lautstärke aus der Nachbarwohnung ihn dabei stört.

Dies *kann* eintreten, muss aber nicht.

Merksatz

Ein Konflikt liegt bereits vor, wenn *eine* der Parteien sich in der Umsetzung ihrer Ideen und Vorhaben von einer anderen Partei beeinträchtigt sieht; das bedeutet, dass diese andere Partei auch nichts davon wissen könnte, dass jemand mit ihr einen Konflikt hat.

Paul Watzlawick (1984, 37) erzählt folgende Geschichte, die dies bestens illustriert: Ein Mann will ein Bild aufhängen. Den Nagel hat er, nicht aber den Hammer. Der Nachbar hat einen. Also beschließt unser Mann, hinüberzugehen und das Werkzeug auszuborgen. Doch da kommt ihm ein Zweifel: Was, wenn der Nachbar mir den Hammer nicht leihen will? Gestern schon grüßte er mich nur so flüchtig. Vielleicht war er in Eile. Vielleicht hat er die Eile nur vorgeschützt, und er hat was gegen mich. Und was? Ich habe ihm nichts getan; der bildet sich da etwas ein. Wenn jemand von mir ein Werkzeug borgen wollte, ich gäbe es ihm sofort. Und warum er nicht? Wie kann man einem Mitmenschen einen so einfachen Gefallen abschlagen? Leute wie dieser Kerl vergiften einem das Leben. Und dann bildet er sich noch ein, ich sei auf ihn angewiesen. Bloß weil er einen Hammer hat. Jetzt reicht´s mir wirklich. – Und so stürmt der Mann hinüber, läutet, der Nachbar öffnet, und bevor dieser „Guten Tag“ sagen kann, schreit ihn unser Mann an: „Behalten Sie Ihren Hammer, Sie Rüpel!“

Der Selbstansteckungsmechanismus in Konflikten

Friedrich Glasl (1998, 10 ff.) beschreibt folgende Kette, in der sich ein Konflikt aufschaukeln kann:

- Zunächst geht es um ein Sachthema: z. B. um ein knappes Gut, das beide Seiten für sich möchten, oder um eine Verhaltensweise, eine Unterlassung etc.

- Wenn die Klärung zwischen den Seiten nicht zufriedenstellend gelingt bzw. nicht möglich ist, weil ein Beteiligter nicht von der Konfliktlage des anderen in Kenntnis ist, entsteht eine zusätzliche Konfliktebene: in der Beziehung zum anderen.
- Wenn auch hier nichts geklärt wird oder werden kann, dann fügt sich eine dritte Konfliktebene hinzu: Bewertungen und Deutungen über den anderen, über sein Verhalten und seine Motive.
- Entwickelt sich der Konflikt weiter, entsteht eine vierte Konfliktebene, weil beide Seiten inzwischen ein jeweils sehr subjektiv geprägtes Verständnis der Konflikthintergründe entwickelt haben: Ihre Vorstellungen zur Art der Konfliktlösung sind unvereinbar.

Solange es um die Sache und die Beziehung geht, kann man sagen: Die beiden haben einen Konflikt. Entwickelt sich der Konflikt weiter, indem zusätzlich Konflikte auf der Ebene der Bewertungen und Deutungen und auf der Ebene der Art der Konfliktlösung aufkommen, kann man sagen: Der Konflikt hat die beiden.

In der oben beschriebenen Hammergeschichte weiß der Mann ursprünglich nichts von einem Konflikt. Selbst bei der Begegnung mit dem Nachbarn im Aufzug gibt es noch keinen Konflikt. Die Eskalation findet jedoch ganz schnell im Kopf unseres Mannes statt: Sobald er das Verhalten des Nachbarn deutet und bewertet, ist er bereits auf der dritten Ebene. Ausgehend davon, seine Interpretation sei die Wirklichkeit, und in der Umsetzung seines Bestrebens, sich nicht vom rüpelhaften Nachbarn abhängig zu machen, ist er auf der vierten Ebenen angelangt, und: Er ist nicht mehr Herr des Konflikts. Der Konflikt hat ihn.

Merksatz

Die Selbstansteckungskette in einem Konflikt geht über folgende Stationen: Sache → Beziehung → Bewertung / Deutung des Geschehens → Ideen zur Konfliktbeendigung.

Der Konflikt – Ein ungeheures Wesen?

Lebt man im wohligen Nest harmonischer Familien-, Arbeits- und sonstiger Verhältnisse, lässt sich leicht sagen, Konflikte seien eine Chance, würden das Leben erst reizvoll machen und dergleichen mehr. Steckt man jedoch selbst mitten in einem heftigen Konflikt, empfindet man Ärger und Empörung. Man hat für solche Sätze nicht einmal ein Lächeln übrig, sondern fühlt sich gänzlich unverstanden. Welches Verhältnis zu Konflikten muss man also entwickeln, wenn man als Mediator sogar freiwillig mitten in diesen Zuständen arbeitet?

Erst wer die Eigenständigkeit und Macht eines Konfliktgeschehens kennt und anerkennt, ist in der Lage, achtungsvoll und wirkungsvoll mit Konflikten umzugehen. Der herkömmliche Umgang mit Konflikten im Alltag besteht meist im Kampf gegen den Konflikt an sich, im Glauben, der Konflikt sei das Problem. Das Ziel heißt dann: Der Konflikt muss weg. Doch an die Wurzeln des Konflikts kommt man dabei meist nicht, denn der Konflikt ist nur der Ausdruck des darunter liegenden Problems (siehe Streit um die Zahnpastatube).

Merksatz

Der Kampf gegen den Konflikt nährt diesen und führt zur Eskalation.

Konflikte können wie Feuer sein: Je mehr Luft es bekommt, umso größer und raumgreifender werden die Flammen und nehmen alles, was brennbar ist, als Nahrung – auch Dinge, die niemand als Brennmaterial nutzen wollte. „Luft" in diesem Sinne kann z.B. sein: noch mehr Vorwürfe und Beschuldigungen, Verallgemeinerung, neue Vorwürfe, neue Themen, Öffentlichmachen von Beurteilungen über das Verhalten des andern, Suche nach Bündnispartnern gegen den andern u.v.a.m. Gelingt es, diese „Luftzufuhr" zurückzufahren oder auszusetzen, wird das Feuer kleiner. Die ursprüngliche Feuerstelle – der Brandherd – wird erkennbar, und die aufgeheizte Luft außen herum kühlt ab. Dann wird es möglich, den Energieumsatz so einzustellen, dass dieses Feuer tut, was den Konfliktbeteiligten nützt: z.B. auszugehen, weil alles geklärt ist; oder auf moderatem Level genau die Menge an Licht zu geben, die nötig ist, um zu erkennen, was beide Seiten noch zu klären haben; oder genau die Wärme abzugeben, die für den gegenseitigen Kontakt angenehm ist. Gelingt es nicht, an den Herd des Konflikts, also zu seinen originären Antriebskräften, zu kommen, muss der Konflikt sich weiter inszenieren, denn seine Funktion ist, eine Veränderung herbeizuführen – z.B. hinsichtlich eines unerfüllten Bedürfnisses oder einer alten inneren Not. Nimmt man ihn nicht ernst, oder bekämpft ihn, muss er sich aufbäumen, weiterwachsen, in der Hoffnung, durch größere Anstrengung zum Ziel zu kommen. Dabei gerät alles in unmittelbarer Nähe in seinen Sog.

Inzwischen gibt es differenzierte Erkenntnisse der Neurobiologie, die aufzeigen, wie sich Konflikte in Gehirn und Körper materialisieren:

Konflikte führen zu einem Bedrohungsgefühl für die Erfüllung unserer Bedürfnisse. Die so entstehende Bedürfnisnot führt zu Stress. Scheint die Situation aus eigener Kraft nicht mehr bewältigbar – was in eskalierenden Konflikten mehr und mehr eintritt –, steigt der Stresspegel und die Ausschüttung von Stresshormonen immer stärker an. Je weiter Angst und Druck und damit Stress anwachsen, umso weniger können Menschen ihre Wahrnehmung offenhalten – bis hin zum Tunnelblick, der alles, was vom Andern kommt, nur noch als negativ decodiert. Parallel geht die logische Denkfähigkeit verloren, das Herz für den anderen wird kalt und versteinert – soweit, dass die Umgebung sagt: „Ich kenne dich gar nicht mehr wieder – Wie kannst Du nur so grausam sein!“. Gerald Hüther, Neurobiologe und Hirnforscher, vergleicht die im Gehirn geschehenden Abläufe mit einem Fahrstuhl: Von den lichten, klaren Bewusstseinsfunktionen im Gehirn, die zu Logik, Folgenabschätzung, wertegeleitetem Handeln in der Lage sind, immer mehr abwärts hin zu starren, früh gebahnten Stressreaktionen und Regression, bis in die Tiefen des Kellers, wo der Hirnstamm als ältester Teil des Gehirns sitzt und archaische Notfallprogramme auslöst, wenn es dem Menschen gefühlt ans Überleben geht (Ballreich / Hüther 2013).

Diese Reaktionen entstehen nicht nur bei körperlicher Bedrohung oder Schmerzen. Naomi Eisenberger, eine US-amerikanische Hirnforscherin, konnte in Versuchen im Kernspintomografen nachweisen, dass körperlicher Schmerz die gleichen Gehirnaktivitäten auslöst wie Verachtung, Demütigung, soziale Ausgrenzung (Bauer 2011, 59).

> „Der Aggressionsapparat erweist sich […] als ein Hilfssystem des Motivationssystems: Bindung, Akzeptanz und Zugehörigkeit sind überlebenswichtig. Sind sie bedroht, reagieren die Alarmsysteme des menschlichen Gehirns. Als unmittelbare Folgen zeigen sich Angst und Aggression“ (Bauer 2011, 61).

Wie diese Entwicklung im Konflikt sichtbar voranschreitet und jede Seite in dem Glauben, das Bestmögliche und Richtige zu tun, zur Eskalation eines Konflikts beitragen kann, beschreibt Friedrich Glasl in seinem 9-stufigen Modell der Konflikteskalationsstufen: von der sachlichen Auseinandersetzung bis zum Untergang beider Parteien.

Eskalationsstufen eines Konflikts nach Glasl

Je nachdem wie tief die Verletzungen in Konflikten gehen, wie hoch eskaliert die Verhaltensweisen sind, wie viele Menschen in den Konflikt miteinbezogen wurden, haben Konflikte mehr oder weniger Potenzial für entweder eine Win-Win-Lösung oder für einen Kampf mit hohen eigenen Verlusten.

Ab der Stufe 2 können die Parteien nicht mehr leicht aus eigener Kraft eine Lösung finden, Moderation oder auch Mediation sind sinnvoll. Ihren Schwerpunkt hat Mediation in den Stufen 3–5. Stufe 5 markiert eine drastische Zuspitzung: Der Gegner wird öffentlich in seinem Charakter (nicht nur seinen Kompetenzen!) angegriffen. Solch ein Gesichtsangriff trifft ins Mark: „Unter mir tat sich der Boden auf" (Bieringer 2010, 138) ist ein Original-Zitat einer so getroffenen Konfliktpartei. Gibt es in dieser Situation kein Erschrecken bei den Beteiligten und niemanden, der Einfluss genug hat, die weitere Eskalation zu verhindern, rutscht der Konflikt rasant in Stufe 6: Der Wunsch nach Rehabilitation und die Bereitschaft beider Seiten, den anderen zu besiegen sind so weit fortgeschritten, dass massive Drohungen ausgesprochen werden, um die Gegenseite zu brechen. Gegendrohungen folgen. Kein Gedanke mehr an Mediation – man fühlt sich im rechtmäßigen Kampf gegen jemanden, der verwerflich handelt und niedergerungen werden muss. In hoch eskalierten Konflikten braucht es als Erstes eine Instanz, die in der Lage ist, die Kontrahenten, die vom Konflikt schon so vereinnahmt sind, dass sie ihre Handlungen und deren Folgen nicht mehr realistisch überblicken können, auseinanderzuhalten. In der Mediatorenrolle allein ist dies nicht möglich, weil sie keine Sanktionen beinhalten darf.

Merksatz

Mediatoren müssen die Stufen der Konflikteskalation kennen und Konflikte einschätzen können, um nicht aussichtslose Aufträge zu übernehmen.

„Heiße" und „kalte" Konflikte

Ein Konflikt ist „heiß", wenn gerade viel Energie für die Austragung und zum Kampf vorhanden ist, wenn die Vorgänge frisch sind. In der Regel erkennt man einen heißen Konflikt daran, dass er für alle Beteiligten

Gesprächsthema ist und dass beide Seiten in die Veränderung investieren – sei es per Kampf oder per Verhandlung.

Ein „kalter“ Konflikt wird „unter der Decke“ ausgetragen. Die Energie zur Konfliktklärung ist tiefgefroren, und keine Seite glaubt an die Möglichkeit, die Situation verändern zu können. Nach außen hat es den Anschein, als habe niemand Probleme: Niemand spricht den Konflikt an, eventuell bestreiten die Parteien sogar, dass es einen Konflikt gibt. Dies geschieht z. B., wenn konflikt- oder kontaktscheue Personen oder Institutionen aufeinandertreffen. Ein „kalter“ Konflikt kann von Beginn an „kalt“ ausgetragen werden, und sich auch bis in die Konflikteskalationsstufen 5 „kalt“ weiter verstärken. (Weiterführende Konkretisierungen über die Eskalation kalter Konflikte hat Fritz Glasl in „Konfliktmanagement und Mediation in Organisationen“ (Ballreich / Glasl 2022) beschrieben.) Oft ist er ein vormals „heißer“, aber mit der Zeit erkalteter Konflikt. Dieses Erkalten geschieht, wenn die heiße Phase keinerlei Lösung und Entlastung gebracht hat, wenn die Parteien darüber frustriert und zermürbt sind. Dann beginnt der Rückzug aus dem Getümmel, eine Art innere Emigration. Alles scheint ruhig, doch hinter den Kulissen macht man sich auf distanzierte, kühle, manchmal zynische Weise bei allen Sachfragen das Leben schwer und versteckt sich dabei hinter rechtlichen Vorschriften, Verwaltungsnotwendigkeiten usw. Man verlegt sich aufs Aussitzen. In der Miss- und Verachtung gegenüber der anderen Seite spiegelt sich wider, dass man sich selbst nicht geachtet fühlt.

In solch einer Situation ist es sinnlos, beide Seiten zur Klärung an einen Tisch setzen zu wollen, denn die Investitionsbereitschaft fehlt. Der Weg führt hier über die getrennte Arbeit mit den Parteien („caucus“ im Fachbegriff), in der sie sich zunächst ihrer eigenen Situation und des Preises, den sie im Aushalten „bezahlen“, gewahr werden können. Erst dadurch kann der Wunsch nach Veränderung wieder erwachen und Energie für eine neue Auseinandersetzung entstehen.

Merksatz

Mediatoren müssen erkennen, ob ein Konflikt „heiß“ oder „kalt“ ist, um mit den Parteien effektiv arbeiten zu können.

Literatur

Ballreich, R., Glasl, F. (2011): Konfliktmanagement und Mediation in Organisationen. [siehe auch 2. Aufl. 2024]

Glasl, F. (2022): Selbsthilfe in Konflikten.

Stufen der Konflikteskalation (1–6)

1. Verhärtung

- Standpunkte verhärten sich und prallen aufeinander.
- Ärger wird ausgedrückt oder heruntergeschluckt – es besteht noch die Überzeugung, dass die Spannungen durch Gespräche lösbar sind.
- Noch keine starren Lager, sondern um **Sachthema** bilden sich Gruppen.
- Mit der Zeit Verkrampfung im Umgang miteinander.
- Im Moment der Zuspitzung des Konflikts Verdacht, dass mehr dahinter ist; legt sich wieder, wenn Konflikt geklärt werden kann.

2. Debatte, Polemik

- Denken, Fühlen und Wollen sind polarisiert.
- Bestimmte Verhaltensweisen werden erwartet (Stereotypenbildung zu „Verhalten").
- Schwarz–Weiß-Denken, Standpunkte schließen sich aus.
- Man strebt nach Überlegenheit gegenüber dem anderen, auch um das eigene Selbstwertgefühl zu erhalten und zu verteidigen.
- Verbale Gewalt, Polemik, Argumente der Gegenseite werden lächerlich gemacht.
- Durchsetzung wird zur Prestigesache. → **Sachauseinandersetzung + Positionskampf** → Argwohn und Misstrauen entstehen.
- Im Gespräch mit Dritten möchte man „punkten", Anhänger gewinnen.

3. Taten statt Worte

- "Reden hilft nicht mehr" → **Strategie der vollendeten Tatsachen.**
- Empathie geht verloren, → Fehlinterpretationen nehmen zu. → Beschleunigung der Eskalation
- Pessimistische Antizipation führt zu Misstrauen und Beschleunigung.
- Man sucht die Entscheidung über Taten. Drohgebärden tauchen erstmals auf.
- Innerhalb der Gruppen: Konformitätsdruck beginnt. „Gruppenhaut" bildet sich. Rollen werden klar.
- Diskrepanz verbales – non-verbales Verhalten auf beiden Seiten.
- Beide Seiten orientieren sich an den nonverbalen Signalen der anderen Seite.

4. Vorurteile

- Die Parteien manövrieren sich gegenseitig in negative Rollen und bekämpfen sich mit **Stereotypen, Klischees, Gerüchteküche, Image-Kampagnen.** (bezogen auf Wissen und Können)
- Werbung um Anhänger, symbiotische Koalitionen
- "self-fulfilling prophecy" durch Tunnelblick und starre Deutungsmuster
- Dementierbares Strafverhalten (den Gegner auflaufen lassen und sich dabei die Hände in Unschuld waschen)

= Sorge um Image tritt in den Vordergrund

5. Gesichtsverlust

- Gegner wird öffentlich und direkt als Person angegriffen. Ziel: **Gesichtsverlust**
- Verrat, Verbrechen, Ehrverlust wird vorgeworfen, teils in inszenierten De-Maskierungs-Aktionen
- Rückwirkende „Aha"-Erlebnisse: „Erkennen" der wahren Person des anderen
- Ideologisierung und Totalisierung des Konflikts; Kampf des Engels gegen den Teufel

→ Ekelgefühle, totale Abwertung, Ausgrenzung

Hohes Bedürfnis nach Rehabilitation bei der ausgestoßenen Seite: Bereit, große Opfer zu bringen, um sich soziale Achtung zu verschaffen

6. Drohstrategi

- Hohes Bedürf nach Kontroll bei gleichzeitigem Verlust der Fähigkeit, die Reaktione der Gegenseit richtig einzuschätzen
- Erpressung/ Drohung wird legitim, Ausfü rung vorstellb
- Drohung und Gegendrohun führen zu Konfliktbeschleunigung: Sanktionspote tial muss glaub würdig sein. Wirkung der Drohung auf d andern wird meist überschätzt. Sobald die Drohung ausgesprochen ist, hat man sic im eigenen Handeln von d Entscheidung der Gegenseite abhängig gemacht: Wer androht, muss ggf. handeln.

Abbildung 2: Stufen der Konflikteskalation (nach Glasl 2020)

Stufen der Konflikteskalation (7–9)

Die Eskalation verschlimmert sich nicht schleichend, sondern es gibt intuitiv erfahrbare Schwellen, die überschritten werden. Jede Seite spürt, wenn ihr nächster Move eine bisher eingehaltene Grenze (= Schwelle) überschreitet.

7. Begrenzte Vernichtungsschläge

- Denken in „Ding"-Kategorien (Gegner hat keine menschlichen Qualitäten mehr.)
- Radikalisierung: Gleichzeitige gute Existenz beider Parteien nicht mehr vorstellbar.
- Begrenzte Vernichtungsschläge als "passende" Antwort
- Ziel: Entmachtung
- **Werte werden in ihr Gegenteil verkehrt: relativ kleinerer eigener Schaden = Gewinn**

  („Das ist´s mir wert.")
- Machtdenken herrscht.
- „Quasi-Kriegsrecht"

8. Zersplitterung

- **Ziel: Macht- und Existenz-Grundlage des Gegners soll vernichtet werden**
- Vitale Systemfaktoren werden angegriffen, um den Feind zu paralysieren, seine Basis zu zerstören
  → Prozess der inneren Zersplitterung z. B. Exponenten abschnüren von ihrem Hinterland / ihrer Basis
  → Aggressivität steigt innerhalb der Lager und wird i. d. R. nach außen durch Zerstörung ausgelebt

Wirkung: System wird unsteuerbar, zerfällt

9. Gemeinsam in den Abgrund

- Kein Weg mehr zurück!
- Totale Konfrontation
- **Vernichtung zum Preis der Selbstvernichtung, Lust am Suizid, sofern nur auch der Feind zugrunde geht.**
- Triumph ist noch, wenn im eigenen Untergang auch der andere zugrunde geht.

Welche Haltung zu Konflikten nehmen Mediatoren ein?

Aus den vorherigen Ausführungen ergibt sich folgendes Wissen über Konflikte, das ein Mediator verinnerlichen muss, um seine Aufgabe erfüllen zu können.

- Konflikte zu haben ist normal. Sie gehören zum Leben, sind sogar unvermeidlich. Also macht es keinen Sinn, gegen Konflikte an sich zu kämpfen oder sich eine Welt ohne Konflikte zum Ziel zu setzen.
- Konflikte ermöglichen Entwicklung. Sie bringen uns im besten Fall zum Nachdenken, verlangen uns ab, Neues zu entwickeln und uns immer wieder neu zu orientieren. Wenn wir dies annehmen und tun, fördern uns Konflikte in unserem Fortschritt.
- „Konflikt ist gesund, aber ein ungelöster Konflikt ist gefährlich" (Besemer 1995, 37). Versuchen wir, einem Konflikt auszuweichen, die Herausforderung zu ignorieren oder mit Gewalt zu unterdrücken, konfrontiert uns der Konflikt mit seiner Kraft. In Konflikten liegt dann auch zerstörerisches Potenzial. Sie können eine starke Eigendynamik entwickeln, und das gesamte Leben durchdringen, wenn sie nicht befriedet und ihre Hintergründe geklärt werden.
- Konflikte entwickeln sich häufig, weil die Beteiligten nicht wissen, wie sie ihre Schwierigkeiten lösen können, nicht, weil sie diese nicht lösen wollten (Besemer 2009, 56). Konflikte sind Indikatoren für ungelöste Aufgaben, für unerfüllte Bedürfnisse, nicht für unfähige oder böse Menschen.

Merksatz

Der Mediation liegt folgende Haltung zum Konflikt zu Grunde:

- **den Konflikt akzeptieren und seine Berechtigung und Bedeutung wertschätzen,**
- **den Konflikt nicht nähren, ihm nicht durch Bekämpfen oder zusätzliche Themen und Personen eine größere Kampfarena bieten, sondern seine Gestalt und Herkunft bei allem Kampfgetümmel sichtbar machen,**
- **den Konflikt nicht nivellieren oder „weichspülen", sondern unterstützen, dass alles, was Klärung und Lösung bisher behindert, zum Ausdruck kommen kann.**

3

Wie arbeitet ein Mediator?

Dieses Kapitel beleuchtet die Bedeutung der Technik bzw. Methoden der Mediation und der Haltung des Mediators sowie das Verhältnis von Methoden und Haltung zueinander. Den Boden für die Haltung des Mediators bildet das der Mediation innewohnende Menschenbild. Die Nähe systemischer Konzepte zur Haltung in der Mediation wird anhand von Schlüsselbegriffen aufgezeigt, Mediationsrichtungen werden skizziert. Den Abschluss des Kapitels bildet schließlich das methodische Handwerkszeug des Mediators.

Technik oder Haltung?

Die Frage „Technik oder Haltung" ist eine Kampffrage: Entweder – oder? Richtig – falsch? Wäre ich als Mediatorin mit einer Auseinandersetzung zweier Kollegen um diese Positionen befasst, so würde ich versuchen, zu ergründen, welche Ziele und Bedürfnisse jede Seite mit ihrem Festhalten sichern möchte. Als Mensch bin ich versucht, sofort zu sagen: „Selbstverständlich Haltung!" – und merke, dass ich damit schon die andere Position übergehen würde. Um dieser Frage und den beiden Parteien, die jeweils eine Position vertreten, gerecht zu werden, brauche ich eine wertschatzende Haltung beiden Seiten gegenüber. Damit würde ich vom Vertreter der Position „Technik" vermutlich Folgendes erfahren: Wer als Mediator tätig ist, muss die Struktur von Mediation kennen, muss Gesprächsführungstechniken, Frageformen, Moderation (siehe Kapitel 1), Visualisierung etc. beherrschen, sonst verliert er sich und seine Medianden im Dickicht des Konflikts. Mediation heißt nicht einfach nur: hinsetzen, losreden, allparteilich sein.

Und hinter dieser Aussage steckt vielleicht die Erfahrung des Kollegen, dass viele sich Mediator nennen, ohne ausreichend ausgebildet zu sein, bzw. dass sogar landläufig immer wieder zu hören ist: „Ach, dann mache ich ja auch Mediation", nur weil jemand mit Menschen in Konfliktsituationen ein Gespräch führt. Die Motivation des Kollegen, der die Bedeutung der Technik betont, liegt vielleicht darin, den Ruf der Mediation zu schützen, und in dem Bedürfnis nach Achtung seiner erworbenen und nicht nur zufälligen Kompetenzen – insbesondere deshalb, weil Mediator auch nach Inkrafttreten des Mediationsgesetzes nach wie vor kein geschützter Begriff ist.

Unser Kollege, der die Position „Mediation ist Haltung" einnimmt, hat vielleicht erlebt, wie wirkungslos der „Technik"-Einsatz bleibt, wenn spürbar wird, dass der Mediator entweder innerlich parteilich ist, die Handlungen oder Einstellungen einer Partei nicht versteht oder gar bewertet oder sich mit Hilfe von Techniken zu „retten" sucht, weil er keine Idee hat, wie das Gespräch sinnvoll weitergehen kann. Er kennt vielleicht Momente, in denen viele Fragetechniken eingesetzt wurden, doch die Mediaanden sich übergangen fühlten, weil diese Fragen sie auf Eingeständnisse hin drängten oder auf eine bestimmte Lösung abzielten.

Meine Überzeugung in der Frage „Technik oder Haltung" ist, dass das eine nichts oder wenig ohne das andere ist.

Merksatz

Mediation gründet auf einer bestimmten Haltung. Ihre Technik ist eine Unterstützungsleistung, die den zu gehenden Weg sicherer macht.

Im Bild gesprochen: Wäre Mediation ein Computer, so wäre die Technik die Hardware, die Haltung die Software. Die Hardware bringt das Innenleben in Form, sie muss klar sein, aus gutem Material und aus den richtigen Komponenten zusammengesetzt, und sie ist Voraussetzung dafür, irgendwo Software einzuspeisen. Die Software erst erweckt den Kasten zum Leben, macht Vorgänge, Prozesse möglich und führt damit zu neuen Ergebnissen. Für die Mediation kann man sagen: Nur Ausnahmemenschen können mediativ arbeiten, ohne Techniken zu benötigen.

Dass es die Frage „Technik oder Haltung?" gibt, hat m. E. auch damit zu tun, dass mit dem Begriff Technik assoziiert ist, man könne mit einem bestimmten Handgriff eine vorhersehbare planbare Reaktion hervorrufen. Das ist mit den „Techniken" der Mediation sicher nicht möglich. Ich bevorzuge deshalb den Begriff „Methoden", dem dieser Geruch der Machbarkeit für mein Empfinden weniger anhaftet.

Das Menschenbild der Mediation

Die Tatsache, dass Ergebnisse in der Mediation nicht vom Mediator machbar sind, führt uns zur Frage nach dem Menschenbild in der Mediation.

Freiheit des Individuums

Mediation beruht auf der Anerkennung und der vorbehaltlosen Bejahung von Menschen in ihrer Unterschiedlichkeit. Unterschiedlichkeit nicht zu bekämpfen, hat wiederum zur Voraussetzung, den anderen in seiner Freiheit, die ihm als eigenständiges Wesen ohne Vorleistung gegeben ist, anzuerkennen.

Eigenverantwortung des Individuums

Ebenso geht Mediation davon aus, dass der Mensch eigenverantwortlich und damit auch grundsätzlich in der Lage ist, sich selbst zu vertreten. Der Mediation liegt – was den Schutz der Unterschiedlichkeit und der persönlichen Freiheit, aber auch die Eigenverantwortung angeht – ein zutiefst demokratisches Verständnis zugrunde. Eine entscheidende Frage der Demokratie ist, wie Entscheidungen getroffen werden, wenn unterschiedliche Interessen oder Gegensätze aufeinandertreffen. Demokratie geht von der Fähigkeit des Menschen aus, sich zu vertreten, zu verhandeln, Kompromisse zu finden oder Mehrheitsentscheidungen zu respektieren.

Fähigkeit zu Empathie und Kooperation

Mediation geht noch einen Schritt weiter. Wenn der Mensch die Grundsätze der Freiheit und Eigenverantwortlichkeit sowohl für sich als auch für jeden anderen anerkennt, hat dies Konsequenzen für den Umgang mit den eigenen Interessen: Stößt er nämlich bei der Verwirklichung seiner Interessen an die Grenzen des anderen, weiß er im Grunde, dass er sein Wohl nicht ohne den andern erreichen kann. Mediation geht davon aus, dass in solch einem Moment im Menschen der Wunsch nach Gerechtigkeit, nach Fairness vorhanden ist, der ihn befähigt, sich so zu orientieren, dass er seine Interessen nicht gegen den anderen richten muss, um zu bekommen, was er möchte, sondern zusammen mit dem anderen die Interessen beider verfolgen kann. Statt Gegnerschaft auszuleben und Ausgrenzung als „Du-*oder*-Ich“ zu leben, geht es um Kooperation, d. h. um ein „Du-*und*-Ich“.

Fähigkeit zur Selbstreflexion, Veränderung und Versöhnung

Der Mensch weiß, was er braucht, und ist fähig dazu, sich mit anderen über den Weg dahin zu verständigen. Dabei kann er auch sich und seine Sichtweisen verändern, z. B. Trauer oder Wut aushalten, statt zu verdrängen, eigene Anteile an der Konfliktgeschichte anerkennen, Schaden wieder gut machen. In diesem Sinn geht es in der Mediation – zumindest im (psycho-) sozialen Bereich – immer wieder auch um Versöhnung. Dies „macht“ nicht der Mediator, sondern die beteiligten Menschen entscheiden sich, auch unangenehmen Dingen, auch Schuld- bzw. Verantwortungsfragen, ins Auge zu sehen. Die Bedeutung der Friedensarbeit und der friedenspolitischen Arbeit für die Weiterentwicklung und Verbreitung der Mediation spiegelt sich hier wider.

Fähigkeit und Berechtigung zur Eigensteuerung

Mediation vertraut den Menschen und ihren Fähigkeiten. Sie bietet sich nicht als Retter oder Heiler an, sondern als Lotsin, die ein Vorankommen aus eigenen Kräften sichert. In dem Wissen, dass die Menschen selbst am besten beurteilen können, was sie brauchen und wo sie miteinander hin wollen, begleitet Mediation die Leute beim Denken, Fühlen, Wahrnehmen, Einschätzen und Entscheiden. Dabei zielt Mediation nicht darauf ab, dass sich die Menschen ändern, denn das ist ganz und gar die Sache der Menschen selbst. Sie zielt darauf ab, dass Menschen Lösungen finden können.

Systemisches Verständnis vom Menschen

Obwohl beide Konzepte völlig losgelöst voneinander entstanden sind, ist die Nähe der Mediation zu systemisch-lösungsorientierten Haltungen und Konzepten hinsichtlich des Menschenbildes unverkennbar. So ist es nicht verwunderlich, dass Mediation heute sehr viele Methoden der systemischen Beratung nutzt.

Systemische Beratung sieht den Menschen nicht als ein in sich geschlossenes Wesen, sondern nimmt dessen Beziehungen zu seiner Umwelt und die entsprechenden Wechselwirkungen in den Blick. Der Berater oder Therapeut bemüht sich „um eine Haltung des Respekts, der Unvoreingenommenheit, des Interesses und der Wertschätzung bisheriger Handlungs- und Lebensstrategien.“ (https://www.dgsf.org/service/was-heisst-systemisch?searchterm=was+hei%C3%9Ft+)

Merksatz

In der systemisch-lösungsorientierten Beratung gilt der Klient als Experte seines Lebens; ihre Arbeitsweise orientiert sich an den Stärken, Ressourcen und Kompetenzen des Klienten und konzentriert sich auf das Erreichen einer guten Zukunft statt auf die Analyse von Defiziten und Problemen in der Vergangenheit.

Wer aus der systemischen Praxis kommt, wird sich in Menschenbild und Haltung von Mediatoren gut wiederfinden können. Neben dem Menschenbild (siehe Merksatz) möchte ich weitere Aspekte hierzu beleuchten: Anerkennung, Akzeptanz, Perspektivenwechsel und Empowerment.

Anerkennung

Der Mediator geht davon aus, dass es keine unangemessenen Gefühle, Gestimmtheiten, Gedanken gibt, und begegnet deshalb jeder Äußerung mit Respekt. Er drängt keine eigenen Einschätzungen oder Ratschläge auf, mit denen er sich über den anderen stellen und diesem einen Impuls von „Ändere dich oder dein Verhalten“ geben würde. Mediation lebt von der Anerkennung der Realität des Gegenübers.

Akzeptanz

Die Anerkennung der Realität des anderen führt zur Gewissheit, dass es im Einzelnen gute Gründe für sein Verhalten gegeben hat und gibt. Der Mediator verurteilt das Handeln der Beteiligten nicht, selbst wenn es aus der Sichtweise des jeweiligen Konfliktpartners unangemessen war oder diesen sogar geschädigt hat. Der Mediator interessiert sich für die Hintergründe, die Motivation, die Bedürfnisse. Die Bedürfnisse selbst, wie z.B. Achtung, Zuneigung, Wertschätzung, Freiheit, Muße, Erfolg, sind immer positiv und achtenswert, auch wenn die Mittel, die jemand zu ihrer Verwirklichung eingesetzt hat, unangemessen waren.

Ohne Anerkennung und Akzeptanz wäre die Haltung der Allparteilichkeit nicht möglich.

Perspektivenwechsel

Ein Wechsel der Perspektive ermöglicht das Verstehen des Anderen. Wenn ich die Welt für einen Augenblick mit den Augen des Anderen anschaue, dann kann ich vielleicht nachempfinden, wie sein Verhalten entstanden ist. Wer bereit ist, die Perspektive des Anderen im Denken, Fühlen und Wollen einzunehmen, schafft die Voraussetzung für gegenseitiges Verständnis: Er investiert Kraft, um zu verstehen (was nicht gleichbedeutend damit ist, einverstanden zu sein!), und baut damit eine Brücke, dass auch der Andere sich um Verständnis bemüht. Menschen haben die Fähigkeit, sich gedanklich und in ihrem Fühlen in jemand Anderen hineinzuversetzen. Sie tun es, wenn sie spüren, dass hinter jedem Verhalten etwas Sinnvolles und Berechtigtes stecken könnte. Die Anerkennung und Akzeptanz durch den Mediator ermöglichen, dass die Bereitschaft dazu entstehen kann.

Im Perspektivenwechsel wird oft deutlich, dass etwas, das ich als Schwäche erlebt habe, auch eine Möglichkeit zur Stärkung in sich birgt: dass durch den Konflikt, der zunächst Stress und Sorge erzeugt, etwas positives Neues entstehen kann, das sonst nie möglich gewesen wäre. In der Fähigkeit zum Perspektivenwechsel wird die Fähigkeit des Menschen zu gestalten und zu entwickeln besonders deutlich. Die Möglichkeit zum Perspektivenwechsel entspringt dem auf Dialog und Kooperation angelegten Wesen des Menschen. Diese grundsätzliche Fähigkeit, sich in den andern bis in die Ebene des Fühlens hineinzuversetzen, lässt sich auch durch die Ergebnisse der jüngeren (neuro-)biologischen Forschung belegen. Mit den Augen des Konstruktivismus (siehe Kapitel 1) ausgedrückt: Es gibt nicht *die* Welt, *die* Wahrheit, sondern jeder Mensch konstruiert durch seine Wahrnehmung seine Welt gleichberechtigt neben der Welt der Anderen. Wenn er mit diesen Anderen in Kontakt stehen möchte, dann braucht er den Abgleich mit den Wahrnehmungen der Anderen.

Empowerment

Die Überzeugung, dass Menschen sich und ihre Lebensgestaltung selber in die Hand nehmen können (siehe Menschenbild), spiegelt sich in der Sozialen Arbeit im Ansatz des Empowerment und in der Ressourcen- und Prozessorientierung der systemischen Beratung.

Definition

"Empowerment (...) ist das Anstiften zur (Wieder-)Aneignung von Selbstbestimmung über die Umstände des eigenen Lebens. Ziel (...) ist es, die vorhandenen (wenn auch vielfach verschütteten) Fähigkeiten der Menschen zu kräftigen und Ressourcen freizusetzen, mit deren Hilfe sie die eigenen Lebenswege und Lebensräume selbst-bestimmt gestalten können."(socialnet 2023)

Diese „Anstiftung" kann auf zwei Wegen geschehen:

- als selbstinitiierter und eigengesteuerter Prozess
- als professionelle Unterstützung dieses Prozesses (socialnet 2023)

Diese positive Bestätigung des Individuums im Sinne von „Du bist o. k., und du bist fähig" ist für die Haltung des Mediators zentral.

Richtungen in der Mediation

Innerhalb der Mediation haben sich weltweit im Laufe der letzten Jahre differenzierte Vorgehensweisen entwickelt, die in ihrer konkreten Durchführung sehr unterschiedlich sind. Die Rolle des Mediators kann eine Bandbreite von rein unterstützend bis hin zu direktiv, von völliger Abstinenz zum Inhalt bis hin zur Formulierung von Entscheidungen haben (s. MedArb S. 105). So seien hier zum Überblick ein paar grundlegende Unterschiede aufgezeigt, exemplarisch einige Formen benannt und auf weiterführende Literatur dazu verwiesen:

Ballreich und Glasl (2007, 82 ff.) unterscheiden drei unterschiedliche Ausrichtungen in den Vorgehensweisen:
- Problem-bezogen: Die aktuelle Konfliktsituation in ihrer Bedeutung für die Beteiligten steht im Vordergrund, wo nötig auch die Aufarbeitung der Konfliktentwicklung.
- Visions-geleitet, bzw. Lösungs-orientiert: Eine gute Zukunft, bereits vorhandene Ressourcen zur Lösung und die Ausrichtung in kleinen Schritten auf das Erwünschte stehen im Fokus.
- Prozess-folgend: Der Mediator arbeitet im Hier und Jetzt mit den Parteien entlang dessen, was aktuell eingebracht wird. Dies ersetzt ein handlungsleitendes Phasenmodell, der Schwerpunkt liegt auf Empowerment und Anerkennung während des Gesprächs.

In diesem Spektrum haben sich verschiedene Formen der Mediation entwickelt:

- Verhandlungsmediation, die sich am Harvard-Konzept von Roger Fisher, William Ury, Bruce M. Patton (2018) orientiert, und vornehmlich sach- und ergebnisorientiert am akuten Konflikt arbeitet.
- der bedürfnis-orientierte Ansatz, in dem sich die Ansätze von Rudi Ballreich und Friedrich Glasl (2007) ebenso wie die von Marshall Rosenberg (2016) begründete gewaltfreie Kommunikation (non-violent communication) wiederfinden. Die Klärung der verletzten Bedürfnisse und die Ausrichtung auf eine Wiederherstellung der Erfüllung der Bedürfnisse beider Seiten stehen hier an zentraler Stelle. Glasl nennt dies auch „metanoische Mediation", die „eine Änderung der Sichtweisen und Denkmuster der Konfliktparteien, Empathie und ehrliches Mitgefühl füreinander, ein Erkennen und Anerkennen der Bedürfnisse jeder Konfliktpartei" zum Ziel hat (Glasl / Weeks 2008, 23)
- Klärungshilfe von Christoph Thomann (2003, 2004) ist ein Ansatz, der weitgehend mit Mediation kongruent, jedoch stärker darauf ausgerichtet ist, die Tiefe der Verletzungen (auch alter, abgespeicherter, vom Konfliktpartner unabhängiger Verletzungen) ins Wort zu fassen, um freier für Lösungen zu werden.
- Transformative Mediation, in der von Baruch Bush und Joseph Folger (2007) entwickelten Form ist ein prozess-folgendes Vorgehen. Den Mediator leitet hier eine konsequente Ausrichtung auf Empowerment und Recognition ohne Orientierung an einem Phasenmodell. So soll ein über den aktuellen Konflikt hinausweisender Zuwachs an Konfliktlösungskompetenz ermöglicht werden.

  Doch auch andere Mediationsformen ,z. B. im bedürfnis-orientierten Ansatz, ermöglichen Transformation im Menschen, und bezeichnen sich auch als Formen transformativer Mediation.
- Lösungs-fokussierte Mediation, die ganz wach nach den Fähigkeiten und Lösungs-Kompetenzen der Konfliktparteien Ausschau hält und sie unterstützt, sich statt auf den Konflikt immer wieder positiv auf eine „erwünschte Zukunft" auszurichten. Dieser Ansatz – beschrieben von Fredrike Bannink (2009), Peter Röhrig / Martina Scheinecker (2022) – beruht auf den Arbeiten von Milton Erickson und Steve de Shazer und wurde von Gunther Schmidt, Matthias Varga von Kibéd und Insa Sparrer für Mediation weiterentwickelt. Sie ist ein visionsgeleitetes Verfahren.

- Konfliktmoderation nach Alexander Redlich ist ein Arbeitsansatz für Gruppenmediation, den Redlich speziell entwickelt hat, um der im Vergleich mit Zwei-Personen-Konflikten erhöhten Komplexität von Konflikten und der Dynamik im Gruppengeschehen gerecht werden zu können.
- Cooperative Praxis (CP) ist als „collaborative practice" in den USA entstanden und entwickelt sich in Deutschland seit Ende 2007 weiter. Sie schließt die Lücke zwischen der vollständigen Abgabe der Rechtsbeschaffung an das Gericht durch die Beauftragung eines Anwalts einerseits und dem völligen Auf-sich-selbst-geworfen-Sein der Konfliktparteien in der Mediation andererseits. In einem CP-Verfahren beauftragt jede Konfliktpartei sowohl einen Rechtsanwalt als auch einen Coach. Der Anwalt erhält den Auftrag, in rechtlichen Dingen zu beraten. Der Coach soll den jeweiligen Auftraggeber bei der Konfliktauseinandersetzung unterstützen. Es gibt nicht den einen in der Mitte beider Parteien stehenden Mediator, doch alle beauftragten Anwälte und Coaches sind ausgebildete Mediatoren, die sich dem Ziel der Konfliktklärung und der fairen Einigung zwischen beiden Parteien verpflichten.

Diese in Deutschland grade neu entstehende Arbeitsform zeigt auch das veränderte Bewusstsein unter Mediatoren auf: Hier arbeiten Juristen und Fachleute aus (psycho-)sozialen Berufen mediativ im Dienst der Auftraggeber Hand in Hand.

Literatur

Haft (2000): Verhandlung und Mediation.
Ballreich / Glasl (2007): Mediation in Bewegung [siehe auch 2. Aufl. 2024].
Bannink / Fredrike (2009): Praxis der Lösungs-fokussierten Mediation.
Rosenberg (2016): Gewaltfreie Kommunikation.
Bush / Folger (2007): The Promise of Mediation.
Thomann (2003 und 2004): Klärungshilfe 1 + 2.
Redlich (1997/2009): Konfliktmoderation.
Röhrig, P., Scheinecker, M. (2022): Lösungsfokussiertes Konfliktmanagement in Organisationen
mehr zu Cooperativer Praxis:
https://www.anja-koestler.de/mediation/angebotsspektrum/

Mediationsausbildungen in Deutschland schulen häufig für die problem-bezogene Arbeitsweise, basieren überwiegend auf einem Phasenmodell und fokussieren dabei auf den Umgang mit Interessen und Bedürfnissen. Von daher orientiert sich die genauere Darstellung von Mediation an diesem weit verbreiteten Ansatz und wird in Kapitel 4 ergänzend mit dem U-Prozess vertieft, ohne auf Spezifika von z.B. lösungsfokussierter Mediation, Klärungshilfe oder Verhandlungsmediation näher eingehen zu können. Damit ist keine Wertung in „richtige", „bessere" oder „schlechtere" Mediation getroffen. Es würde den Rahmen dieses Buches sprengen, allen Ausprägungen gerecht werden zu wollen.

Merksatz

Entscheidend in der Wahl des konkreten Vorgehens kann immer nur sein, wem und welcher Situation der konkrete Mediations-Auftrag nützen soll.

Das Erlernen von Mediation entlang eines Phasenmodells hilft Mediations-Anfängern in der Regel, um sich in die Mediatoren-Rolle einzufinden und das Verfahren leiten zu können. Es empfiehlt sich jedoch, verschiedene Ansätze kennenzulernen, um auf unterschiedliche Konfliktkonstellationen, z.B. heiße und kalte Konflikte, mit der passenden Vorgehensweise eingehen zu können.

Die Methoden der Mediation

Mediation ist vor allem ein gesprächsorientierter Ansatz. Dies erschließt sich einem sofort, wenn man die Darstellungen mediativer Arbeitsweise in den verschiedensten Büchern liest: Fragetechniken, Kommunikationstechniken, Verhandlungsansätze angereichert mit Moderation (siehe Kapitel 1), bestimmen das Bild.

Eine immer wieder auftauchende Kritik an Mediation lautet denn auch, sie sei durch ihre Arbeitsweise nur für sprachmächtige, geistig und kommunikativ rege Menschen geeignet. Empowerment also nur für die gesellschaftlich „Fitten"? – Dem lässt sich gut entgegenhalten, dass Praktiker inzwischen viele andere Zugänge und Arbeitsweisen, die bildhaft, symbolisch oder fühlbar für die Medianden sind, entwickelt haben z.B.

- Methoden der sozialen Gruppenarbeit und Gruppendynamik wie Soziogramme, Selbstbild / Fremdbild-Übungen;
- gestalterische, analoge Zugänge zur Konfliktschilderung durch Malen, Metaphern, Geschichtenerzählen, Bilder;

- Systemische Aufstellungen, bei denen Personen als sogenannte Vertreter (einer Person oder eines Sachverhalts) im Raum aufgestellt werden und nach ihrem Erleben auf dem Platz in diesem aufgestellten System gefragt werden, um so Neues über den Konflikt und die Perspektiven darin zu erkennen.

Motiviert ist diese Suche nach Methoden durch bestimmte Notwendigkeiten. Gruppen z. B. brauchen Arbeitsweisen, in denen nicht jeder Einzelne mündlich seine Sichtweise usw. vortragen und die Sichtweise jedes Einzelnen anhören muss, denn dies wäre zeitlich sehr aufwendig und eine zu große Herausforderung für die Aufmerksamkeitsspannen der Beteiligten. Und Menschen, die in Bildern denken und leben, die sich über das Tun, nicht über das Denken, artikulieren, brauchen sinnliche Zugänge. Die Arbeit mit Kindern und Jugendlichen, mit Menschen mit geistiger Behinderung, mit anderssprachigen Menschen, mit Menschen mit kleinem (Gefühls-)Wortschatz führte zur Entwicklung von Bildmaterialien, zum Einsatz von (be)greifbaren Gegenständen, die der Mediand als Symbol für seine Situation auswählen kann.

Dennoch: Das Hauptinstrument von Mediatoren ist nach wie vor die Sprache und in den Ausbildungen werden in erster Linie Methoden der Gesprächsführung vermittelt.

Kommunikationsformen in der Mediation

Aktives Zuhören bezeichnet ein Zuhören, das zum Ziel hat, den Sprechenden erleben zu lassen, dass der Mediator mit seiner ganzen Aufmerksamkeit beim Sprechenden ist und ihn und sein Erleben ganz verstehen möchte. Dies unterscheidet das Aktive Zuhören sehr von alltäglichen Gesprächssituationen: Da befasst sich der Zuhörer häufig, noch während der andere spricht, bereits mit seinen eigenen Ideen, Erinnerungen und Meinungen, und knüpft bereits seinen eigenen Denkfaden.

Aktives Zuhören im Sinne seines Begründers Carl Rogers (US amerikanischer Psychologe und Psychotherapeut) umfasst sowohl nonverbale Bekundungen der Anteilnahme durch Körpersprache, z. B. durch Nicken, durch eine zugewandte Haltung, offene Hände, durch Blickkontakt, wie auch kurze bestätigende Äußerungen und Nachfragen bei Unklarheiten. All dies leistet der aktiv Zuhörende in einer offenen, respektvollen, nicht wertenden Haltung.

Über das Aktive Zuhören hinaus braucht die erzählende Konfliktpartei zur Weiterentwicklung des Gesprächs auch den aktiven Umgang mit dem Gehörten durch den Mediator. Dazu bedient er sich folgender Mittel: Spiegeln gibt die Möglichkeit, eine Schilderung zu entzerren, zu verlangsamen und den Gehalt an wichtigen Stellen zu vertiefen: Der Mediator wiederholt den gerade mitgeteilten Inhalt. Das kann inhaltliches Spiegeln sein, z. B. nachdem die Konfliktpartei sagte: „Ich wollte, dass es aufhört […]“ flicht der Mediator ein: „Sie wollten, dass es aufhört“ oder als emotionales Spiegeln die Befindlichkeit des Medianden ins Wort fassen, die dieser vielleicht gar nicht ausgesprochen hat, die aber dennoch spürbar geworden ist. Der Mediator sagt z. B. ruhig: „Darüber sind Sie sehr aufgebracht“ (emotionales Spiegeln). Spiegeln findet während des Erzählens statt: Der Mediator unterbricht ganz zugewandt die erzählende Konfliktpartei kurz und spiegelt, damit nichts Wichtiges verloren geht oder unverstanden bleibt. Damit zeigt er seine hohe Aufmerksamkeit für den Sprechenden und sichert durch das Spiegeln immer wieder Verstehen und Kontakt. Spiegeln ist ein Bestandteil des Aktiven Zuhörens.

Mit dem Paraphrasieren regt der Mediator die Medianden dazu an, sich über ihr Denken im und die Entstehung ihrer Sichtweise über den Konflikt klar zu werden: Der Mediator gibt wieder, wie sich die jeweils erzählende Partei Abläufe und Zusammenhänge erklärt. Er führt dies ein mit Worten wie: „**Aus Ihrer Sicht** war / ist es so …“ / „ … als Ihr Partner … getan hat, da haben **Sie** sich das **so erklärt**, dass er Ihnen absichtlich Falsches erzählt hat, um Sie auflaufen zu lassen“. Ziel ist zum einen, den Konfliktparteien Gelegenheit zu geben, ihre eigenen Bewertungen und Denkmuster noch einmal gedanklich nachzuverfolgen und so eigene Anteile, eventuelle Irrtümer oder vorschnelle Urteile erkennen zu können. Zum andern macht es auch der zuhörenden anderen Seite leichter zu verstehen, in welcher Situation sich die andere Partei befand. Paraphrasieren verlangsamt die Kommunikation deutlich und bringt das im Konflikt in der Regel festgefahrene Denken wieder in Bewegung. Für die Medianden wird im Verlauf deutlich klarer als vorher, was im Konflikt für sie zentral und was eher Beiwerk ist. Besonders stark wirkt paraphrasieren, wenn der Mediator jeweils die gerade zuhörende andere Seite auffordert, zu paraphrasieren, was sie verstanden hat. Dadurch vollzieht die paraphrasierende Seite einen Perspektiv-Wechsel in die Erlebnis- und Gedankenwelt des Gegners.

Beim Zusammenfassen wird alles vorher zur Sprache gebrachte verdichtet, so dass ein Überblick möglich oder ein Konzentrat sichtbar wird. Statt der Fülle von Details wird das Gesamt ausgedrückt. Dabei werden sowohl mögliche Gemeinsamkeiten wie auch Unterschiede benannt. Schildern die Streitparteien z.B. jeweils Aneinanderreihungen von Situationen, die sie gegeneinander aufgebracht haben, könnte der Mediator vielleicht folgendermaßen zusammenfassen: „Sie sind beide sehr aufgebracht. Sie haben beide in den letzten Monaten in verschiedenen Episoden erlebt, dass Sie sich weder auf kleine Dinge noch auf größere Fragen zufriedenstellend verständigen konnten. Sie, Herr X, gehen mehr und mehr in Rückzug, Sie, Herr Y, regen sich von Mal zu Mal stärker auf. Sie sagen beide, dass Sie stinksauer sind. … . Sie haben beide früher Ihre Zusammenarbeit als gut erlebt. Und heute wünschen Sie sich nichts mehr, als wieder in Ruhe arbeiten zu können."

Eine weitere Möglichkeit, Zusammenhänge sichtbar zu machen, ist das Framen (engl. frame: Rahmen). Etwas framen bedeutet, ihm einen Rahmen zu geben.

Verbindet der Mediator diese Rahmengebung auch noch mit einem neuen, ungewohnten Blick, so nennt man dies Reframen. Sachverhalt und Absicht werden dabei in einen neuen Zusammenhang gebracht, die Abwertung wird herausgenommen. Auch dazu ein Beispiel: Lisa klagt über ihre Mutter, die ja ansonsten ganz in Ordnung sei, aber superpingelig mit dem Aufräumen. Die Mutter schildert ihre 16-jährige Tochter als lebhaft, kreativ, aufgeschlossen, selbstständig und notorisch schlampig und unzuverlässig. Der Mediator könnte die Mutter fragen: „Wie wäre es für Sie, wenn Sie Lisas Zimmer als Ausdruck ihres Wunsches nach Autonomie betrachten würden?" und die Tochter: „Wie wäre es für Sie, wenn Sie das Bemühen Ihrer Mutter um Ordnung als Wunsch nach Zuverlässigkeit ansehen würden?" Dies entspricht einer Einladung, die eigene Perspektive kurzzeitig zu verlassen und neu auf die Situation zu schauen. Das Reframen ist eine Methode, um einen Per-spektivenwechsel herzustellen.

Eine sehr vertiefende Kommunikationsform ist das Doppeln. Bei dieser Methode tritt der Mediator an die Seite eines Medianden und vermittelt als dessen Stimme in Ich-Form den Gehalt einer Aussage samt den Zwischentönen an die andere Seite. Doppeln setzt eine starke Einfühlung in eine Seite voraus.

Weiteres Handwerkszeug des Mediators in der Gesprächsführung ist eine breite Palette an Frageformen, sowie das Moderieren des Gesprächs und der Verhandlungen, der Einsatz von Kreativitätstechniken und das Visualisieren.

„Visualisieren heißt, etwas bildhaft darstellen" (Seifert 1998, 14). Die Visualisierung ist eine Unterstützungsleistung für die Beteiligten: Frage-

stellungen, Gefühle, Situationen, Ergebnisse werden optisch aufbereitet, um eine Verarbeitung visuell zu unterstützen. Dies kann durch die einfache Themenliste am Flipchart ebenso erfolgen, wie durch ein gemaltes Bild einer Situation oder die Darstellung der Wortbeiträge in einer Grafik, z. B. als Teufelskreis.
Kreativitätstechniken fordern heraus, neue Ideen zu generieren. Sie bringen Menschen in Bewegung und erlauben, die alten Denkbahnen zu verlassen und sich einer Fragestellung anders als bisher zu nähern. Zum Einsatz kommen intuitive Methoden, die das Unbewusste aktivieren, oder diskursive Methoden, die sehr systematisch aufgebaut sind und viele Querverbindungen von Ideen sichtbar machen.

Auf die Bedeutung von verschiedenen Fragen möchte ich im Folgenden näher eingehen.

Die Bedeutung von Fragen in der Mediation

Fragen gelten in der Mediation als wesentliches Handwerkszeug. So füllen die Erklärung von und Beispiele für verschiedene Frageformen seitenweise Fachbücher und Ausbildungsskripten – häufig unter der Überschrift „Fragetechniken". Auch hier gilt: Fragen als Technik sind nur sehr begrenzt wirksam, denn Menschen fühlen sich dann schnell – zu Recht – abgefragt und ausgefragt, vielleicht sogar verhört. Auch Fragen brauchen die entsprechende Haltung des Fragenden, der achtungsvoll mit seinem Gegenüber umgeht und dessen Geschwindigkeit, Gestimmtheit und Autonomie respektiert. Nur so entsteht eine Atmosphäre, in der Fragen Türen öffnen und weiterführen können. Die beste Frage, zu früh gestellt, verpufft. Beim Fragen gilt das Gleiche wie für das aktive Zuhören. Denn es geht nicht nur darum, eine Frage zu stellen, sondern auch mit der Antwort umzugehen. Sonst entsteht eine Frage-Antwort-Atmosphäre, in welcher der Mediator viel Energie ins Fragen-Finden investiert, während sich die befragte Seite immer weiter zurückziehen wird. Antworten, um die sich jemand bemüht hat, wollen verstanden und angenommen werden, ehe der Mensch einen weiteren Schritt mitgehen kann.

Eine wichtige Unterscheidung hinsichtlich der Frageformen ist die Einteilung in geschlossene Fragen und offene Fragen. Als Orientierung gilt: In der Mediation sind für die Klärung der Konflikthintergründe überwiegend offene Fragen angemessen und weiterführend. Die Umstände, in denen sich die Medianden befinden, erfragt man am besten durch geschlossene Fragen, die auch bei Entscheidungsfindungen zum

Einsatz kommen. Einen Überblick über Einsatz und Nutzen von offenen und geschlossenen Fragen gibt die Tabelle 1.

Spiegelnde Fragen sprengen den Rahmen der Aufteilung in geschlossene und offene Fragen. Der Form nach sind sie eigentlich geschlossene Fragen, weil sie als Antwort ein Ja oder Nein herbeiführen, das dem Mediator zeigt, ob er die Sichtweise und Anliegen des Mediunden richtig und angemessen verstanden hat. Ihr Ziel gleicht jedoch mehr dem offener Fragen: Wenn es nicht so ist, wie vom Mediator fragend gespiegelt, dann wäre dies eine Einladung, zu schildern, wie es sich denn wirklich verhält. „Kann es sein, dass Sie traurig sind?" „Habe ich Sie richtig verstanden? – Wenn Sie abweisend reagieren, geht es Ihnen vor allem darum, sich davor zu schützen, ausgenutzt zu werden, und es hat gar nicht so viel mit der Person des andern zu tun?"

Merksatz

Mediation entsteht durch den Geist, der ihr innewohnt und der sich in einer gelebten mediativen Haltung des Mediators zu den Konfliktparteien ausdrückt, *und* durch den kompetenten Einsatz der Methoden der Mediation.

Mediation nur an ihren äußeren Kennzeichen festzumachen, wie z.B. dem Phasenmodell (Kapitel 4) oder einzelnen Methoden, könnte ähnlich enden wie folgender Spruch: „Wer auf der Suche nach einem Engel nur auf weiße Flügel achtet, der kann auch eine Gans finden."

Tabelle 1: geschlossene und offene Fragen – Überblick und Beispiele

Geschlossene Fragen		
Art der Frage	**Einsatz vor allem in Phase**	**Nutzen**
Informationsfragen (Antworten sind entweder Ja / Nein) oder Fragen nach Sachinformationen (Wer? Wann? Wo? Wie? Wie viel?)	2	ermöglichen Sachverhalte genau festzustellen, z. B.: Trennungssituation ▪ Haben Sie die Scheidung bereits eingereicht? ▪ Wer hat die Scheidung eingereicht? ▪ Wie hoch ist Ihr Vermögen?
Skalierende Fragen	2, 3	verdeutlichen den Grad des Konflikts, der Schwierigkeit der Situation, sodass die Bedeutung für den Anderen klarer wird; relativieren die Absolutheit von Äußerungen, machen klar, ob und welchen Bewegungsspielraum es in beide Richtungen gibt. Sie dienen der Orientierung. ▪ Auf einer Skala von 1–10: Wie sehr belastet Sie Ihr Konflikt miteinander? (1 = nicht, 10 = sehr stark) ▪ Wenn 1 = unbelastet und 10 = unerträglich wäre, wo wäre auf einer Skala von 1–10 aus Ihrer Sicht Ihr Verhältnis zueinander in der besten Zeit gewesen?
Abschließende Fragen / Checkfragen	1, 5, 6	leiten Entscheidungen ein, stärken Entschlusswillen, schließen Themen und Phasen ab, beschleunigen den Gesprächsverlauf; ermöglichen Überprüfung, ob etwas ausreichend ist. ▪ Sind alle Ihre Themen nun benannt? ▪ Akzeptieren Sie diese Entschuldigung? ▪ Wenn Frau Meier die Anschuldigungen über Sie zurücknimmt, ist dann für Sie alles aus der Welt geschafft? Oder geht es noch um etwas anderes?

Alternative Fragen	kein Schwer-punkt	bringen Dinge in Relation zueinander, helfen als Weichenstellung im Gespräch, unterstützen Entscheidungen. ▪ Was war schlimmer für Sie: dass Ihr Mann zu spät kam oder dass er Ihnen nicht zugehört hat? ▪ Welche Möglichkeit halten Sie für die beste?

Offene Fragen

Art der Frage	Einsatz vor allem in Phase	Nutzen
Einladende Frage	3	regt zum vertieften Erzählen von Hintergründen an. ▪ Möchten Sie noch mehr davon erzählen, wie es Ihnen dabei ging? ▪ Gibt es noch etwas anderes, das von Bedeutung für Ihren Streit ist? ▪ Haben Sie auch andere Zeiten miteinander erlebt? Achtung: kann zu ausufernden Detailschilderungen führen
Zielende Fragen	2, 3, 5	bringen die Zielsetzung der Medianden wieder in den Blick oder verdeutlichen, wohin etwas führen könnte. ▪ Was möchten Sie im heutigen Treffen erreichen? ▪ Was ist Ihnen das Wichtigste daran? ▪ Was würde am meisten helfen, damit Ihre Kinder möglichst wenig unter der Trennung leiden? ▪ Was meinen Sie, würden Sie damit erreichen? Achtung: kann als stark lenkend erlebt werden und Widerstand auslösen

Zirkuläre Fragen	3	bringen die Perspektive eines Dritten mit ins Gespräch und ermöglichen so, etwas von einem anderen Standpunkt / aus einer anderen Perspektive zu betrachten, ohne Sorge, damit bereits dieser Sichtweise nachzugeben. ▪ Angenommen, Ihre Konflikte seien lösbar: Woran würden Ihre Kollegen bemerken, dass Ihr Konflikt beigelegt ist? ▪ Was würde Ihr Bruder in dieser Situation denken? Achtung: Zirkuläre Fragen sind komplex und werden erst eingesetzt, wenn eine gute Beziehung zwischen Medianden und Mediator entstanden ist. Sonst besteht die Gefahr, dass sie als lenkend und manipulativ erlebt oder nicht verstanden werden, weil der Mediand noch unter großem Stress in dieser neuen, unsicheren Situation steht.
Hypothetische Fragen	3, 4	bringen Bewegung und neue Ideen ins Spiel, oder sie bringen Folgen von Handlungen ins eigene Bewusstsein; wecken Ressourcen. ▪ Wenn Sie glauben könnten, Ihr Nachbar hätte Sie vor einem Schaden bewahren und nicht bevormunden wollen, wie würde es Ihnen jetzt gehen? ▪ Wenn Du die Zeit zurückdrehen könntest: Wie würdest Du Dich heute verhalten wollen? ▪ Wenn Sie die ganze Situation allein entscheiden und bewältigen müssten, wie würden Sie vorgehen?

Zukunftsorientierte Fragen (3 Formen)	3, 4	bringen die Möglichkeit einer guten Zukunft ins Spiel; helfen, die Geschehnisse (Vergangenheitsorientierung) beiseite zu stellen und die eigenen Bedürfnisse, die sich in den Zukunftsszenarien (Vision) zeigen, zu finden; ermutigen, neu auf die Situation zu schauen, fördern Kreativität und Aktivität.
a) Wunschfrage		▪ Was hätten Sie sich in dieser Situation von ihr gewünscht? ▪ Wie möchten Sie in 5 Jahren leben? ▪ Wie soll sich Ihre Arbeitssituation bis dahin entwickelt haben?
b) Wunderfrage (Sonderform der Wunschfrage)		▪ Wenn über Nacht ein Wunder geschähe, und morgen zwischen Ihnen alles anders wäre, was hätte sich dann über Nacht verändert?
c) Stimulierende Frage		▪ Was fällt Ihnen ein, wenn Sie sich eine gute Zukunft zwischen Ihnen beiden vorstellen?
Beurteilende / überprüfende Fragen		schaffen Klarheit darüber, wo die Medianden stehen, und wie sie die Entwicklung in der Mediation sehen ▪ Wie zufrieden sind Sie mit dem Verlauf des heutigen Treffens? ▪ Wie erfolgreich schätzen Sie den Vorschlag von Hr. Lenz ein?

Literatur

Funcke / Rachow (2022): Die Fragen-Kollektion.

4

Wie läuft eine Mediation ab?

Mediation folgt – im Unterschied zum klassischen Beratungsgespräch – einem strukturierten Ablauf. Man spricht deshalb von den Phasen einer Mediation, in denen der Konflikt Schritt für Schritt geklärt wird. Jede dieser Phasen hat einen Schwerpunkt und eine spezifische Zielsetzung. In diesem Kapitel soll ausführlich auf das Phasenmodell eingegangen werden, das dem Mediator als roter Faden dient, an dem er sich während der Arbeit mit den Parteien immer wieder orientieren kann, ergänzt mit dem U-Prozess der Mediation.

Das Phasenmodell der Mediation

Quer durch die Literatur findet man vier-, fünf-, sechs–, sieben- und acht-stufige Phasenmodelle der Mediation. Der Inhalt des gesamten Mediationsprozesses unterscheidet sich in diesen Modellen jedoch kaum. Wer mehr als vier Phasen beschreibt, betont dadurch Arbeitsschritte, die andere der Phase davor oder danach zuordnen. Acht-stufige Modelle integrieren auch die Vorphase zur Mediation (i. d. R. als Phase 0 oder Prämediation bezeichnet) und die Nachphase, in der mit zeitlichem Abstand zur Mediation eine Reflexion und eventuell nötige Nachjustierung der getroffenen Vereinbarungen erfolgt.

Um die verschiedenen inhaltlichen Etappen einer Mediation übersichtlich darzulegen, stelle ich hier ein sechs-phasiges Modell vor.

Die sogenannte „Prämediation“ (Phase der Vorklärung), ebenso wie die Nacharbeit / Nachsorge, sind wesentlich, gehören zur Mediation, finden aber unter anderen Bedingungen statt. Tabelle 2 zeigt die sechs Phasen und ihre jeweilige Zielsetzung im Überblick.

Tabelle 2: Die sechs Phasen der Mediation

Phase	Name	Ziel
1	Einführung	▪ der Mediation einen sicheren Rahmen geben ▪ volle Informiertheit der Konfliktparteien zu Mediation herstellen
2	Sichtweisen der Konfliktparteien - Konfliktaufriss und - Themenklärung	▪ die Parteien mit ihrer Situation, ihren Positionen, ihren Themen ankommen lassen ▪ beide Wirklichkeiten nebeneinander sichtbar werden lassen und den Parteien die Erfahrung ermöglichen, dass sie vom Mediator verstanden werden ▪ Themen herausarbeiten und Reihenfolge der Themen entscheiden
3	Konflikterhellung und Interessenklärung	▪ verstehen und nachfühlen, wie die Wirklichkeit der anderen Seite im Konflikt aussieht, und anerkennen, wie es der anderen Seite geht ▪ Interessen und Bedürfnisse hinter den Positionen beider Seiten herausfinden ▪ erkennen, was den Konflikt verursacht und befördert ▪ den eigenen Anteil im Konflikt verstehen
4	Lösungssuche	Optionen für Lösungen entwerfen
5	Verhandlung	▪ aus den Lösungsideen diejenige / n herausfinden, die den Interessen und Bedürfnissen beider Seiten am besten dient / dienen
6	Vereinbarung	▪ miteinander Vereinbarungen treffen und schriftlich dokumentieren ▪ die Leistung der Konfliktparteien für die Lösung würdigen und sich verabschieden

„Prämediation" – Erster Kontakt / Auftragsklärung

Genau betrachtet sind „Prämediation", bzw. Vorphase inhaltlich irreführende Bezeichnungen, denn was Mediation auszeichnet, beginnt bereits in den ersten Kontakten – obwohl noch gar kein Kontrakt zur Mediation besteht: Irgendjemand – eine Konfliktpartei, ein Auftraggeber (z. B. Vorgesetzter) – ruft oder mailt den Mediator an. Bereits in diesem Gespräch und auch in allem, was folgt, ehe sich die Parteien wirklich für eine Mediation entscheiden und einen Auftrag aussprechen, ist der Mediator mit all seiner Kunst, allparteilich zu agieren, sich nicht verstricken und instrumentalisieren zu lassen usw. äußerst gefordert. Kurz gesagt: Er muss bereits in dieser Phase inhaltlich mit Mediation arbeiten, sie gewissermaßen „leben", damit wirklich Mediation stattfinden kann. Die Aufgabe des Mediators in dieser Vorphase ist:

- über Zielsetzung, Arbeitsweise sowie Möglichkeiten und Grenzen von Mediation zu informieren, damit die Parteien in voller Informiertheit einschätzen können, ob Mediation ihrer persönlichen Zielsetzung entspricht;
- abzuklären und zu beraten, ob Mediation für den vorliegenden Konflikt geeignet ist und ob er der geeignete Mediator für diese Parteien sein kann; gegebenenfalls an Kollegen weiterzuvermitteln;
- die Zustimmung beider Parteien zur Durchführung einer Mediation einzuholen;
- den voraussichtlichen Umfang, die Termingestaltung und die Kosten zu besprechen;
- wesentliche Inhalte des Mediationsvertrags, der für die Mediation von allen Beteiligten geschlossen wird, zu besprechen: das Aussetzen /Ruhen von Gerichtsverfahren während der Mediation; das Einverständnis der Parteien, im Falle eines Scheiterns der Mediation den Mediator vor Gericht nicht als Zeugen zu berufen; die Pflicht des Mediators zur Verschwiegenheit;
- die Möglichkeit jeder Seite und auch des Mediators, die Mediation vorzeitig abzubrechen;
- die Möglichkeit zu vertraulichen Einzelgesprächen, sofern alle Seiten ihre Zustimmung dazu geben;
- die Verantwortung der Parteien, bei Bedarf nötige Fachberatung (z. B. durch Anwälte) eigenständig einzuholen –gepaart mit der Pflicht des Mediators, solche Bedarfe kenntlich zu machen und Gelegenheit zu geben, Beratung einzuholen, bzw. in den Verlauf der Mediationsgespräche zu integrieren.

Besonderheiten der „Prämediation" bei Arbeitsplatzkonflikten:
Eine Mediation zwischen Mitarbeitern ist nur sinnvoll, wenn eine Vertrauensbasis zwischen dem auftraggebenden Vorgesetzten und dem Mediator entsteht. Der Mediator klärt mit dem Vorgesetzten, der die Mediation einsetzen kann, folgende Fragen:

- Wie kommt es zur Anfrage von Mediation?
- Warum gerade jetzt?
- Was verspricht sich der Vorgesetzte oder die Organisation vom Einsatz von Mediation?
- Welche Interventionen zur Konfliktlösung sind schon versucht worden? Mit welchen Ergebnissen?
- Welche Ressourcen stehen zur Verfügung?
- Um welche Themen bzw. Inhalte soll es gehen?
- Ist Mediation das geeignete Verfahren für diese Ziele?
- Wie gestaltet sich der Konflikt aktuell? Wie hat er sich entwickelt? (Einschätzung des Eskalationsgrades)
- Welche Personen sind involviert? Sind sie am Konflikt Beteiligte oder vom Konflikt Betroffene?
- Wer soll an der Mediation teilnehmen?
- Wie werden die Mitarbeiter informiert und auf die Mediation vorbereitet?
- Wie wird der Vorgesetzte von den Ergebnissen der Mediation informiert? Wie bleibt einerseits die Vertraulichkeit gewahrt, andererseits der Vorgesetzte im Stande, sein Team gut zu führen und weiter zu begleiten?
- Ist der Vorgesetzte bereit, selbst an der Mediation teilzunehmen, wenn er zu den Konfliktbeteiligten gehört oder sein Team ihn zur Lösung braucht?

Die sechs Phasen im Ablauf

Phase 1 – Einen sicheren Gesprächsrahmen herstellen

„You never get a second chance to make a first impression." Dieser Satz betont die große Bedeutung des ersten Zusammentreffens für die gesamte Mediation. In dieser Situation bereitet der Mediator die Bühne für den Verlauf vor: Die Wahl des Raumes, seine Größe und die Lichtverhältnisse, die Einrichtung und Sitzordnung sind wesentliche Faktoren für die

Atmosphäre. Und er stellt die Weichen dafür, wie sich der Kontakt miteinander gestaltet: Die Art und Weise, wie der Mediator mit den Konfliktpartnern umgeht, wie er sie am Anfang begrüßt, in die Vorgehensweise einführt und dabei in Kontakt mit ihnen tritt, vermittelt den Mediandern ein Bild von ihm, an dem sie sich im weiteren Verlauf orientieren und das ihre Verhaltensweisen beeinflusst: „Ist der Mediator wirklich wohlwollend gegenüber beiden? Wirkt er fair? Ist er souverän oder erscheint er, als ob er nicht in Griff bekäme, wenn einer von uns laut wird? Weiß er, was er tut?"

Merksatz

Der Mediator setzt den Rahmen für den Ablauf der Mediation. Über die Person des Mediators wird das fremde Terrain „Mediation" deutlich.

In dieser Phase setzt der Mediator vor allem folgende Methoden oder Vorgehensweisen ein:

- um die Ziel- und Willensklärung in der ersten Phase möglich zu machen: aktives Zuhören, Spiegeln, Framen; Fragen, die Entscheidungen herbeiführen;
- um seine Rolle als Leiter des Gesprächs deutlich zu machen: Moderation, Einführung, Zusammenfassungen.

Folgende Schritte bzw. Ziele fallen in die erste Phase des Mediationsprozesses.

Begrüßung und Vorstellung: Der Mediator begrüßt beide Parteien mit Namen, lädt sie in den Raum ein und bietet jedem einzeln einen Platz an. Er könnte sagen: „Schön, dass Sie beide nun hier sind", und wird den Mut der Medianden zur Mediation würdigen. Fragen, wie „Haben Sie gut hergefunden? Wie war der Weg?" tragen zur Normalisierung der Situation bei, zum Sich-Einrichten und innerlichen Ankommen und vermitteln ein wenig Fürsorge. Die anschließende Vorstellung des Mediators und seiner Arbeit soll sicher stellen, dass beide Seiten das Gleiche wissen, von gleichen Voraussetzungen ausgehen.

Inhalt der Vorgespräche und den vereinbarten Stand schildern: Je nachdem, ob die Konfliktparteien sich direkt an den Mediator gewandt haben oder ob z.B. bei einer innerbetrieblichen Mediation nur der Chef mit dem Mediator in der Vorphase gesprochen hat, hatten bereits beide oder keine Seite Kontakt mit dem Mediator. Selbst wenn beide Seiten schon mit dem Mediator gesprochen haben und mit der einen wie der anderen Seite die gleichen Vorklärungen stattgefunden haben, wird der Mediator zu Beginn vor den Ohren aller Beteiligten erzählen, wie er von wem angefragt wurde, was er mit beiden Seiten besprochen und was er von beiden Seiten verstanden hat. Wenn die Mediation von einem Vorgesetzten angefragt und eingesetzt wurde, ist es auch wichtig – im Beisein und unter Beteiligung des Chefs – zu berichten, wie der Auftrag entstand und was der Mediator vom Chef erfahren hat, damit dazu keine Gerüchte entstehen oder der Mediator als trojanisches Pferd des Vorgesetzten wahrgenommen wird.

Vertraulichkeit zusichern: Der Mediator erklärt explizit, dass er vertraulich mit allem Gesagten umgehen wird, und klärt ab, ob und wie die Parteien sich gegenseitig ebenso Vertraulichkeit zusagen wollen.

Zustimmung einholen: Der Mediator trifft mit allen Beteiligten gemeinsam und verbindlich die notwendigen Vereinbarungen zur Arbeits- und Umgangsweise. Dazu gehört die Bereitschaft

- zuzuhören,
- eine einvernehmliche Lösung zu suchen,
- sich ausreden zu lassen und um eine nicht verletzende Ausdrucksweise zu bemühen,
- den Mediator in seiner Rolle als Leiter des Gesprächs anzuerkennen.

Der Mediator holt sich von beiden Seiten ausdrücklich die Ermächtigung, die Parteien zu unterbrechen, zu stoppen, wenn sie sich ins Wort fallen oder beleidigen, denn es ist mehr als wahrscheinlich, dass sie das nicht gänzlich unterlassen können, auch wenn sie das Bemühen darum zugesagt haben. Auch wenn all dies in Vorgesprächen einzeln bereits besprochen wurde, ist es nötig, dass alle Teilnehmer dieses klare Einverständnis voreinander abgeben. Es stärkt sie in ihrem Vorhaben. Und es erleichtert ihnen, gesprächsführende Interventionen des Mediators nicht als Angriff oder Parteilichkeit zu werten.

Der Mediator wird an dieser Stelle auch nachfragen, ob es noch Fragen, Vorbehalte oder andere Anliegen gibt, die vorab besprochen werden sollen, damit sich die Beteiligten wirklich einlassen können.

Diese Vereinbarungen schaffen die Basis für die inhaltliche Arbeit. Sie geben Klarheit darüber, wer in diesem Gespräch was tun wird und tun kann. Der Mediator erweist sich als klarer und sicherer Leiter und im Verlauf dieser ersten Phase entsteht – anders als im Umgang der Beteiligten zuvor – ein geschützter Raum und Rahmen für das Gespräch.

Vergewisserung über das Ziel der Mediation: Der Mediator lässt beide Seiten ihre Erwartungen an die Mediation und ihre Zielsetzungen selbst benennen und fasst dann die Zielsetzung für die Mediation, wie er sie von beiden Seiten verstanden hat, zusammen. Falls nicht schon in den Vorgesprächen geschehen, unterschreiben Medianden und Mediator spätestens zu diesem Zeitpunkt die Vereinbarung zur Mediation. In dieser sind Rolle, Verantwortung, Rechte und Pflichten der Konfliktparteien sowie des Mediators ebenso wie die Ausgangssituation zur Mediation, wenn möglich ihre Ziele sowie der Honorarsatz und der Umfang der Tätigkeit benannt.

Die Klärung der Frage, welche Seite damit beginnt, ihre Sichtweise zu schildern und welche Seite zunächst zuhört, bildet dann den Übergang zu Phase 2.

Phase 2 – Sichtweisen hören und verstehen, Themen sammeln

Man kann davon ausgehen, dass sich die Parteien zu diesem Zeitpunkt in einer Lage befinden, die folgende Geschichte anschaulich beschreibt:

> „Ein Engel und ein Teufel wandern für die Menschen unsichtbar auf Erden. Da kommt ihnen ein Mensch entgegen. Der Engel nimmt wahr, wie der Teufel vor dem Menschen etwas fallen lässt. Dieser bückt sich, nimmt mit sichtbar größter Freude das Ding an sich und geht überglücklich damit weiter. „Was hast du diesem Menschen gerade zukommen lassen?“, fragt der Engel. „Ein winziges Stück Wahrheit“, erwidert der Teufel. „Wie? Höre ich recht? Du, ein Teufel schenktest diesem Menschen Wahrheit? Dein Job ist doch die Menschen in Richtung Hölle und Verdammnis zu locken!“ „Das tat ich eben: Ich habe diesem Menschen ein winziges Stück Wahrheit finden lassen, ihn aber glauben gemacht, dass dieses winzige Stück die ganze Wahrheit sei!“ (Watzke 2008, 146 / 147)

Jede Seite erzählt und schildert in Phase 2 **nacheinander**, was aus ihrer Sicht geschehen ist. Aufgabe des Mediators ist, genau zu verstehen, wie jede der beiden Seiten den Konflikt erlebt hat und wo die Konfliktlinien liegen. Durch das sogenannte aktive Zuhören (siehe Kapitel 3) zeigt der Mediator, dass er genau verstehen will, wie die Sichtweisen jeweils sind: Er hört zu, fasst zusammen und zeigt auch körpersprachlich, dass er mit seiner Aufmerksamkeit ganz bei der sprechenden Konfliktpartei ist. Die Zusammenfassungen, die er gibt, sind keine bloßen Wiederholungen. Er gibt, z.T. wörtlich, z.T. mit eigenen Worten unter Verwendung der Schlüsselbegriffe wieder, was er verstanden hat. Er fasst dabei auch in Worte, was zwischen den Zeilen durchscheint, z.B. die Emotion oder die Haltung zum anderen. Er spiegelt, paraphrasiert etc. (siehe Kapitel 3). Danach vergewissert er sich bei der jeweiligen Konfliktpartei, ob er zutreffend und vollständig verstanden hat. Wenn nicht, bittet er die Partei darum, die Schilderung zu wiederholen oder Fehlendes zu ergänzen – solange, bis er das Mitgeteilte ganz verstanden hat und so wiedergeben kann, dass sich der Erzählende ganz sicher ist, verstanden worden zu sein.

Es ist schwierig für die jeweils andere Seite währenddessen zuzuhören und schweigend dabeizusitzen. Und es ist mehr als verständlich, dass sie die „Wahrheit“ des anderen kommentieren möchte, ins Wort fällt, mit ihrer eigenen „Wahrheit“ gegenargumentieren will. Hier sind die Gesprächsführungsqualitäten des Mediators gefragt:

- die Befindlichkeit des Zuhörenden anzuerkennen und ihm zu signalisieren, dass er dessen Situation und Befindlichkeit versteht,
  und gleichzeitig
- die Einlassungen der zuhörenden Seite zu stoppen und damit für die erzählende Seite den Raum, sich ausdrücken zu können, frei zu halten und zu schützen.

Die Kunst des Mediators besteht in dieser Phase darin, dem Erzähler 100-prozentig zuzuhören (aktiv zuzuhören) und gleichzeitig die andere Seite nicht aus dem Blick zu verlieren und den Kontakt zu ihr aufrechtzuerhalten. Die Kommunikation ist hier zunächst auf den Mediator ausgerichtet. Kommunikation zwischen den Parteien findet hier im besten Fall durch wechselseitiges Paraphrasieren statt.

In dieser Phase sorgt der Mediator auch dafür,

- dass die Fakten, die als Rahmen der Konfliktbearbeitung wesentlich sind, geklärt werden (z.B. Eigentums-und Einkommensverhältnisse bei Trennung und Scheidung, Zuständigkeiten der Mitarbeiter bei Teamkonflikten oder rechtliche Gegebenheiten, die berücksichtigt

werden müssen)
und

- dass die Situation jeweils genau beschrieben wird, z. B. seit wann der Konflikt besteht, was konkret gemeint ist mit „nervt mich dauernd" – wöchentlich, täglich, mehrmals am Tag, in Meetings, in Einzelgesprächen, überall?

Im Verlauf dieser Phase schälen sich die Themen, die jeder Seite wichtig sind, heraus. Diese werden – in der Regel auf einem Flipchart – festgehalten, denn sie bilden die Agenda für den weiteren Verlauf.

In dieser Phase setzt der Mediator vor allem folgende Methoden ein: aktives Zuhören, Spiegeln, Paraphrasieren, Zusammenfassen, Verbalisieren, Framen. Er nutzt

- offene Fragen, die zum (Mehr-) Erzählen einladen,
- geschlossene Fragen zur Klärung von Sachverhalten,
- u. U. skalierende Fragen, die den Grad des Konflikts verdeutlichen sollen,
- u. U. Bilder, Metaphern, Symbole, die den emotionalen und ganzheitlichen Gehalt des Konfliktes spürbar machen.

Die nicht wertende, sondern ausschließlich auf das Verstehen und Annehmen der jeweiligen Sichtweise gerichtete Haltung des Mediators ist in dieser Phase ganz entscheidend dafür, dass die Parteien das Gefühl haben, am richtigen Platz und gut aufgehoben zu sein.

Das Gefühl der Konfliktparteien, angekommen und verstanden worden zu sein, und die Sicherheit, die eigenen Themen sichtbar eingebracht zu haben, gibt den Parteien eine erste innere Entlastung.

Der Mediator klärt nun mit den Beteiligten, mit welchem Thema sie beginnen möchten. Sich auf ein Thema einigen zu können, obwohl man im Konflikt miteinander steht, ist für beide Seiten bereits ein großer, die Zusammenarbeit in der Mediation stabilisierender Schritt und macht die Bahn frei, vertieft zu klären, wie es zum Konflikt über diese Punkte gekommen ist.

Phase 3 – Gemeinsame Erhellung der Konflikthintergründe

Konflikte sind Anzeiger für nicht erfüllte, wesentliche, berechtigte Bedürfnisse und Interessen, sowohl in der Arbeit wie im persönlichen Leben und Umgang. Solche Bedürfnisse sind z. B.: Achtung, Anerkennung,

Zugehörigkeit, Erfolg, Gestaltungsmöglichkeit, Entscheidungsfreiheit. Wenn eines dieser Bedürfnisse gefährdet ist, dann gerät der betroffene Mensch schnell unter Druck und sein ganzes Erleben wird durchtränkt von diesem Konflikt.

Damit diese Universalvergiftung aufhört, versuchen Mediator und Konfliktparteien, im weiteren Gesprächsverlauf genau anzuschauen, aus welchen Elementen sich der Konflikt speist, und wie aus der Handlung des einen die des anderen entsteht. Es geht dabei nicht um die Schuldfrage im Sinne eines: „Wenn Du nicht so … wärst, dann würde ich … nicht tun.", bei der man die Verantwortung für das eigene Handeln auf die andere Seite abzuwälzen versucht. Es geht um ein Verstehen, wie es zum Konflikt kam, wie jede Seite in dem Konflikt denkt, fühlt und handelt. Leid oder Schuld kann man nicht wegreden und auch nicht wegverhandeln, aber wer Leid oder Schuld empfindet oder erlebt hat, muss sich damit angenommen fühlen, ehe er sich für die andere Seite öffnen und darüber nachdenken kann, ob er selbst eine Veränderung vornehmen kann.

Häufig wird in dieser Phase klar, dass die Parteien in Auseinandersetzungen nur noch einen Bruchteil dessen wahrnehmen, was die andere Seite tut oder sagt. Und selbst diese ohnehin schon eingeschränkten Bilder werden dann noch dadurch verzerrt, dass man dem jeweils anderen irgendwelche Motive unterstellt. Erschwerend kommt hinzu, dass auch die eigene Ausdrucksfähigkeit gegenüber Menschen, mit denen man Streit hat, leidet. Folgende Kette beschreibt diesen Prozess und wird häufig Konrad Lorenz zugeschrieben: „Gemeint ist nicht gleich gesagt. Gesagt ist nicht gleich gehört. Gehört ist nicht gleich verstanden. Verstanden ist nicht einverstanden. …" (Krieghofer 2020). Diese Kette des Missverstehens und Fehlinterpretierens wird in der Mediation auseinandergenommen und die Glieder werden neu und stimmig wieder aufgefädelt.

Beispiel 1: Zwei Freunde seit Jugendtagen, Severin und Marianne, hatten versucht, einen lokalen Konflikt mit der Kommune aus ihrer Beziehung herauszuhalten. Dieser Konflikt hatte zunächst nur die Familie von Marianne betroffen, die mit der Gemeinde seit Jahren im Streit über bestimmte, aus der Sicht der Familie unrechtmäßige Abgaben lag. Der Konfliktpartner von Mariannes Familie war ganz klar die Gemeinde. Im Zuge der Auseinandersetzung wuchs die Gefahr, dass auch Severins Familie mit sehr hohen Kosten belastet werden könnte. Severin und Marianne hatten verabredungsgemäß die ganze Thematik aus ihren Treffen und Gesprächen ausgeklammert, und Severin hatte sich auch aus nötigen Treffen mit der Gemeinde herausgehalten und stattdessen jemand anderen seine Familie vertreten lassen. In der immer besorgniserregender werdenden Entwicklung entstanden Situationen, in denen sich Severin von Marianne zunehmend im Stich gelassen und verraten fühlte: Die Selbstverpflichtung des Schweigens führte dazu, dass sie das Vertrauen zueinander verloren. Marianne hatte das auch so erlebt, doch sie hatte es bereits anders als Severin verarbeitet und verstanden, dass sie sich mit ihrer Selbstbindung in eine folgenschwere Lage manövriert hatten, ohne dass einer dem anderen dabei Böses wollte. Sie hatte bereits auf vielen Wegen versucht, Severin zu erklären, was wie geschehen sei und was ihre Absicht dabei gewesen war. Sie hatte ihm in mehreren Versuchen, die Situation zu klären, gesagt, dass sie verstehe, wie seine Vermutungen und sein Misstrauen entstanden seien, und dass er sehr verletzt sei. Er möge ihr aber bitte glauben, dass sie damals einfach versucht habe, treu zu ihrer Vereinbarung zu stehen – wie er auch – und sie das auch in große innere Not gebracht habe.

In einer Mediation konnten beide die Entwicklung der Vermutungen über den andern, den Verlust des Vertrauens durch Missdeutungen von Gesprächen und Verhaltensweisen, verstehen: Wer hatte wann was gesagt? Und was damit gemeint? Wie habe ich es gedeutet? Wie bin ich auf diese Vermutung gekommen? Welche Absicht stand wirklich dahinter? – Dennoch blieb diese große Verletzung bei Severin wie ein unverrückbarer Felsbrocken zwischen ihm und Marianne. Obwohl alles erklärt und verstanden war, gab es einen Schmerz bei Severin, der ihn auf Abstand hielt, und den er immer wieder äußerte, als müsse alles unweigerlich so schlimm bleiben wie vorher – trotz allen Verstehens.

Die Mediatorin sagte zu Severin: „Es hat sie tief erschüttert, dass so etwas zwischen ihnen beiden geschehen konnte, mit gerade dem Menschen, bei dem Sie sich so sicher fühlten. Sie haben viel von ihrer wunderbaren Freundschaft erzählt, von der Sicherheit, vom andern verstanden zu werden und angenommen zu werden, so, wie man ist, egal, was man getan hat. – Nun gibt es eine Situation zwischen ihnen, in der genau dies für Sie nicht möglich ist. – Ist das so?"

Diese Frage brachte Severin in Kontakt mit seinem Anspruch und seinem Verhalten. Sie ermöglichte ihm zu erkennen, dass sein Wunsch nach Veränderung und die eigene Bereitschaft dazu nicht zusammenpassten. Die Mediatorin bot Severin ein Bild für seine Befindlichkeit an: Severin sitzt im eingestürzten Haus, die Mauern, die ihn geschützt haben, sind über ihn hereingebrochen. Er sitzt da, schon lange und sehr verzweifelt. Das Leben draußen geht irgendwie weiter. Die Mediatorin fragte ihn mit ruhiger und behutsamer Stimme: „Sie kennen dieses eingestürzte Haus, die Mauerteile usw. gut, schauen es wieder und wieder an. – Ich möchte Sie fragen: Wie lange möchten Sie noch inmitten der Trümmer sitzen bleiben?“

Es folgte Stille. Severin hob den Kopf, man sah deutlich, dass etwas in ihm arbeitete. Die Frage löste ihn aus seiner Verharrung. Er spürte, dass es in seiner Macht lag, diesen „Ort“ zu verlassen oder dort zu bleiben. Es war, als ob er plötzlich von sich abschüttelte, was ihn vorher gefangen hatte. Er ging auf Marianne zu und die ganze Stimmung im Raum veränderte sich.

Erst als Severin auch verstanden hatte, wie er sich selbst in der Situation hält, war er in der Lage, neu zu handeln.

Merksatz

Das Nadelöhr für eine Lösung des Konflikts ist das gegenseitige Verstehen; als Erstes, zu verstehen, was beim andern und bei einem selbst passiert, und wie es jeweils passiert. Als Zweites, zu verstehen, was der andere und man selbst mit diesen Handlungen oder Verhaltensweisen zu verwirklichen sucht.

Der Mediator interessiert sich in der Phase 3 besonders für scheinbar Selbstverständliches oder scheinbar unanzweifelbare Kausalketten. Damit entschleunigt er den Dialog: Durch sein Nachfragen, seine Bitte um Erklärung und Präzisierung, kann er Ineinandergemischtes entzerren und helfen, alles in seinen Einzelbestandteilen anzuschauen. So treten die wirklichen Interessen, sowohl die der Kontrahenten, wie die von anderen beteiligten oder betroffenen Dritten (z. B. von Kindern oder Mitarbeitern) zu Tage.

Was an der Oberfläche des Eisbergs oft wie ein völlig unauflösbarer Widerspruch erscheint, ist häufig vom gleichen Bedürfnis beider Seiten motiviert. Doch die Strategien zur Erfüllung stehen im Konflikt zueinander.

Beispiel 2: Zwei Mitarbeiter eines Teams geraten aneinander. Der eine arbeitet gründlich und arbeitet pro Tag sechs Aufträge ab, die keiner Nacharbeit bedürfen. Der andere bewältigt zwölf, muss aber regelmäßig Nacharbeiten veranlassen, bzw. hat mit Reklamationen zu tun.

Der eine sagt vom anderen: „Er ist langsam, faul, und ich muss seine Wurstigkeit ausbaden und für zwei arbeiten, damit die Kunden nicht abspringen, denn er reagiert so spät, weil er in aller Gemütsruhe auf seinen Aktenbergen thront." Der andere sagt vom einen: „Er ist schlampig und inkompetent und mit seiner Schludrigkeit kommt die Firma in einen schlechten Ruf."

Das Interesse beider kann trotz völlig unterschiedlicher Arbeitsweise das Gleiche sein: „Ich möchte meine Arbeit gut machen. Ich will mir nichts vorwerfen lassen, sondern sorge dafür, dass meine Arbeit richtig und sinnvoll ist." Beide suchen Anerkennung für ihre Arbeitsweise, Sicherheit für den Ruf der Firma und damit für ihre Anstellung. Ihre Bedürfnisse sind Anerkennung, Erfolg, Sicherheit.

Erst wenn sie verstanden haben, wie sie sich durch ihre Reaktionen aufeinander gegenseitig immer mehr dorthin manövrieren, wo sie nicht hin wollen, und verstehen, dass sie eigentlich das gleiche Ziel verfolgen, können sie wieder anfangen, darüber nachzudenken, wie sie erfolgreich zusammenarbeiten könnten. Das eigentlich hinter diesem Konflikt steckende Potenzial ist die Frage nach der Anerkennung, nach der Bemessung von Erfolg – die u. U. in dieser Firma von den Vorgesetzten nicht ausreichend beantwortet wird.

Die Angst, dass Verstehen mit einem Einverständnis gleichgesetzt werden könnte, hindert Menschen daran, bereits dieses Verstehen zuzulassen. So retten sich Parteien häufig in die Flucht nach vorne und machen Lösungsvorschläge oder stellen Forderungen auf (woraus dann ein Konflikt über die Konfliktlösung entsteht). Diesem „Rettungsversuch" muss der Mediator Stand halten und deutlich machen, dass die Lösungsfrage solange aufgeschoben werden muss, bis beide Seiten die Interessen und Bedürfnisse der jeweils anderen verstehen. Die Parteien hören dann auf, den anderen als das Problem zu sehen und ihn zu bekämpfen. Haben sie sich gegenseitig verstanden, können beide den Blick auf das Problem wenden. Der Weg ist frei, um in die nächste Phase eintreten zu können und dort Ideen für eine Lösung zu entwickeln. Man spürt dieses plötzlich entstehende Verständnis an einer deutlichen Entspannung und an einer anderen Aufmerksamkeit der Mediaden füreinander. Häufig wenden sie sich einander zu und bringen Angebote ein. Den Übergang in die Phase der Lösungssuche fördert der Mediator, indem er z. B. Fragen stellt wie: „Wie möchten Sie das künftig handhaben? Was wünschen Sie sich vom anderen, und was sind sie bereit selber beizutragen? Was brauchen Sie voneinander für eine gute Zusammenarbeit? Wie stellen Sie sich Ihre Zusammenarbeit, Ihr Leben in Zukunft vor?"

Wichtige Methoden dieser Phase sind: offene Fragen, auch skalierende und zirkuläre Fragen, Reframen, Doppeln, Metaphern; im Übergang zur Phase 4 Wunschfragen und die Wunderfrage (siehe Kapitel 3).

Merksatz

Das Augenmerk des Mediators liegt in Phase 3 darauf, das Potenzial des Konfliktes zu erkennen, gegenseitiges Verstehen der Bedürfnisse und Interessen beider Seiten sowie beteiligter Dritten zu ermöglichen und den Blick auf vorhandene Ressourcen zu schärfen.

Phase 4 – Alternativen schaffen

Durch das neu entstandene Verständnis für die Situation und die Anliegen des anderen wird die vorher im Konflikt gebundene Energie frei. Die eingetretene Entspannung und der Energieschub ermöglichen, dass der Kopf frei für neue, vorher dem Blick verstellte Lösungsideen wird. „Wer ein Problem hat, hat eine Lösung." Dieser Satz von Gunther Schmidt (Arzt und systemischer Psychotherapeut, zitiert nach: Reichel / Rabenstein 2001, 225) beschreibt den Geist der Zuversicht in dieser Phase und auch die unbelastete, frische Herangehensweise, durch die in jede Richtung gedacht werden darf, ohne sofort in die Diskussion des Für und Wider einzusteigen. Fokus dafür sind die zuvor herausgearbeiteten Interessen / Bedürfnisse.

In Phase 4 tragen die Konfliktpartner dazu alle ihre Einfälle in einer offenen Sammlung zusammen. Der Mediator fordert sie auf, in alle möglichen Lösungsrichtungen zu denken. Dies geschieht z. B. als Brainstorming, oder mit klaren Fragen: "Was können Sie xy dazu anbieten?" / "Was können Sie selbst zur Veränderung beitragen?" oder ähnlich. Die Parteien notieren in Einzelarbeit alle ihre Ideen auf Moderationskärtchen. Der Mediator nutzt hier auch Kreativitätstechniken, Moderation und Visualisierungen (siehe Kapitel 1 und 3).

Ziel dieser Phase ist es, den Geist möglichst zu weiten und alle möglichen Ideen einzubringen, ohne sie gleich zu bewerten.

Phase 5 – Lösungsvorschläge prüfen und Machbares entwickeln

Die Ideen beider Seiten werden nun durchgesprochen und verhandelt. Dabei prüfen die Medianden gemeinsam, ob die Lösungsvorschläge machbar, fair und ausgewogen sowie hilfreich für die Beendigung der Konflikte sind.

Im Verlauf des Gesprächs haben die Parteien häufig bereits erarbeitet, welchen Kriterien eine Lösung, die auf die Anliegen beider Seiten antwortet, entsprechen müsste, und können nun in Phase 5 darauf zurückgreifen. Eine mögliche, aber nicht immer passende Formel ist die SMART-Formel: Dabei steht

- S für specific (spezifisch),
- M für measurable (messbar),
- A für achievable (erreichbar, im Sinne von akzeptiert; manchmal auch attraktiv),
- R für realistic (realistisch),
- T für timely (terminiert).

Aufgabe des Mediators in der fünften Phase ist es, das Gespräch so zu leiten, dass die Konfliktparteien die neuen Lösungsideen, ihre vorher herausgefundenen Interessen und Bedürfnisse sowie ihre Lösungskriterien in Beziehung zueinander bringen und bewerten können. Die in Phase 4 bewusst ausgesetzte Bewertung ist nun gefragt und der Mediator unterstützt den Findungsprozess, indem er z. B. Checkfragen (siehe Kapitel 3) stellt oder u. U. den Part des advocatus diaboli übernimmt. Er fragt, wie die Konfliktparteien noch unpassende Vorschläge so verändern könnten, dass sie ihren Bedürfnissen und Lösungskriterien besser entsprechen, oder ob ihnen weitere Ressourcen einfallen.

Es geht in dieser Phase im Wesentlichen um eine gute Verhandlungsführung. Denn gerade nach schwierigen Beziehungsklärungen sind die Parteien oft so erleichtert, dass sie vorher strittige Aspekte des konkreten Zusammenlebens oder -arbeitens gar nicht mehr richtig angehen wollen. – Das euphorische Gefühl soll keiner Gefahr ausgesetzt werden. – Der Mediator bringt die Realität wieder ein und verhilft beiden Seiten, nicht auf halber Strecke stehen zu bleiben. Es ist Aufgabe des Mediators, vorschnelle Annahmen nicht ungeprüft durchgehen zu lassen. Dabei gewinnen – im Unterschied zu den vorherigen Phasen – geschlossene Fragen (Kapitel 3) wieder an Bedeutung. Wer? Wann? Wo? Wie? Wie viel? – Solche Fragen führen zu Konkretisierungen, und die Frage „Ist das, was für Sie an dieser Stelle wichtig ist, auf diese Weise gut geregelt?“, schließt die Besprechung jedes Teilaspekts der Lösung ab.

Achtung: Bei juristisch relevanten Themen oder auch anderen fachlichen Themen, die nur von Experten wie Steuerberatern, Finanzexperten usw. überblickt werden können, hat der Mediator auch an dieser Stelle (wie schon zuvor in den ersten Phasen) die gesetzliche Pflicht, die Parteien darauf hinzuweisen, Beratung für die überlegten Einigungen einzuholen (MediationsG, § 2, Absatz 6).

Auf manche Rechtsansprüche können Beteiligte verzichten, z. B. auf Unterhalt durch den Partner; andere Rechte wiederum dürfen nicht aufgegeben werden, wie z. B. die Unterhaltspflicht gegenüber Kindern. Eine solche Beratung kann nur durch Rechtsexperten, wie Anwälte, erfolgen. Manche Rechtsgeschäfte können formfrei geregelt werden, andere unterliegen gesetzlichen Beschränkungen, einige bedürfen, um bindend und wirksam zu sein, einer definierten Form, z. B. einer notariellen Beurkundung. Mediatoren, die keinen juristischen Herkunftsberuf haben, müssen deshalb ihre fachlichen Grenzen genau kennen und an diesen Stellen an Anwälte bzw. Notare verweisen, damit eine Vereinbarung, wo nötig, juristisch einwandfrei und von zu Rechtsgeschäften autorisierten Fachpersonen formuliert und gesichert werden kann.

Phase 6 – Vereinbarungen treffen

Nachdem sich die Konfliktparteien auf die Inhalte ihrer Einigung verständigt haben – und diese keinen Gang zu Anwalt oder Notar benötigen –, muss der Mediator klären, ob die Beteiligten einer Dokumentation ihrer Einigung zustimmen. In der Mediation besteht keine Pflicht zur Dokumentation der Vereinbarungen. Dies ist sinnvoll, weil es Konfliktlagen gibt, in denen Schlussvereinbarungen gar keine große Relevanz haben, z. B., wenn es „nur“ darum ging, persönliche Verletzungen zu klären. In diesen Fällen reicht oft ein Perspektivwechsel, glaubwürdige Entschuldigungen und ein „Jetzt ist es gut“.

Doch in anderen Fällen ist die genaue, gemeinschaftlich durchgedachte Abfassung der Vereinbarungen aus Sicht der Medianden sehr sinnvoll: Sie hilft, die Absprachen in gleicher Weise verstanden zu haben und sich auch im Nachhinein detailliert daran erinnern und ihnen folgen zu können. In diesen Fällen erarbeiten die Medianden unter der Moderation des Mediators eine schriftliche Formulierung ihrer Vereinbarungen. In der Praxis geschieht dies häufig am Flipchart, und wird – nachdem die Konfliktbeteiligten (nicht der Mediator!) ihre Unterschriften daruntergesetzt haben – in einem Fotoprotokoll dokumentiert.

Die Haupttätigkeit des Mediators besteht dabei darin, auf eindeutige Formulierungen nach der SMART-Formel zu achten und die Entscheidungen zusammenzufassen. Die Medianden sind in dieser Phase i. d. R. bereits ziemlich erschöpft und brauchen die Unterstützung des Mediators, sprich seine Achtsamkeit hinsichtlich der Formulierungen. Der Mediator spricht auch an, ob die Mediandem mit zeitlichem Abstand noch einmal auf die Tauglichkeit und Einhaltung ihrer Vereinbarungen schauen wollen. Wenn sich die Beteiligten nicht sicher sind, ob ihre Vereinbarungen tragen werden, können sie diese für einen bestimmten Zeitraum vereinbaren und danach auswerten und gegebenenfalls modifizieren.

Wenn die Vereinbarung getroffen wurde, dann bleibt für den Mediator noch die Aufgabe, die gemeinsame Arbeit zu beenden. So wie er eröffnet hat, ist er derjenige, der den Prozess abschließt. Dazu gehört,

- den Konfliktpartnern Anerkennung für ihre Bereitschaft und ihren Einsatz auszudrücken,
- ihnen für ihr Vertrauen in ihn als Mediator zu danken,
- ihnen Gelegenheit zu geben, sich voneinander zu verabschieden, und
- sich selbst von ihnen zu verabschieden.

Ob und auf welche Art dies in einem kleineren oder größeren Ritual seinen Ausdruck finden kann, liegt im Ermessen und der Kreativität der Parteien und des Mediators.

Das Phasenmodell als Roter Faden mit flexibler Lauflänge

Das Phasenmodell ist kein starrer Verlaufsplan, sondern bietet Orientierung darüber, was der Mediator im Auge behalten und fördern muss, damit das Gespräch für die Kontrahenten zielführend verläuft. Dabei können Umwege, Sprünge, Rückschritte nötig werden, denn noch wesentlicher als das Phasenmodell ist die Orientierung an den Bedürfnissen der Streitenden. Der gute Kontakt beider Seiten zum Mediator hat Vorrang vor der Erfüllung oder gar Abarbeitung der einzelnen Phasen. Das Phasenmodell ist nicht die Mediation, sondern der Fahrplan, den ich als Mediatorin – individuell und flexibel auf die Umstände reagierend – manchmal ändern muss. Änderungen können nötig werden:

- weil bestimmte Straßen gerade überflutet (z. B. mit Emotionen) sind,
- weil der Bergpass zu anstrengend und herausfordernd für eine oder beide Seiten ist (z. B., wenn die Vorwürfe der anderen Seite sehr treffend sind, aber die eine Partei noch weit davon entfernt ist, dies gegenüber dem andern – und häufig auch gegenüber sich selbst – zugeben zu können),

- weil durch eine Verzögerung auf der Fahrt der Anschluss nicht erreicht werden konnte und der nächstmögliche Bus eine andere Route nimmt.

Manchmal muss man in die vorherige Phase „zurückfahren", weil etwas dort liegengeblieben ist, beim Zusammenpacken übersehen und nicht mitgenommen wurde, das aber für die Weiterfahrt unverzichtbar ist (z. B., wenn wesentliche Dinge zwar erzählt, aber weder vom Gegenüber noch vom Mediator aufgegriffen wurden).
Der rote Faden sichert auch den Mediator in seiner Arbeit. Zum Beispiel

- wenn ich mich als Mediator von der Intensität der Erzählung einer Seite habe hinreißen lassen, schon in die Konflikterhellung (Phase 3) zu gehen, ehe die andere Seite ausreichend erzählen konnte, dann führt mich die Orientierung am Phasenmodell ganz klar zurück (zu Phase 2) und sagt mir: Stopp! Erst die andere Seite ihre Sichtweise schildern und ihre Themen benennen lassen, sonst ist diese andere Seite nicht beteiligt, abgehängt oder beginnt an meiner Allparteilichkeit als Mediator zu zweifeln;
- wenn in der Phase der Lösungsverhandlung (Phase 5) die Parteien wieder zu streiten beginnen wie zuvor, dann ist dies ein deutliches Zeichen dafür, dass ein wesentlicher Teil des Konfliktes noch nicht gelöst ist und infolgedessen keine Partei bereit für Lösungen ist. In solch einer Situation ist es nötig, zurück in die Phase der Konflikterhellung (Phase 3) zu gehen, um besser zu verstehen.

Merksatz

Das Phasenmodell ist ein Hilfsmittel in der Steuerung des Gesprächs; es hat keinen Selbstzweck oder ist gar als die Mediation selbst aufzufassen. Wer Hunger hat, weiß, dass ihn nicht die Speisekarte nährt, sondern das veritable Gericht. In diesem Sinn entspricht das Phasenmodell lediglich der Speisekarte.

Der U-Prozess der Mediation

Im U-Prozess geht es darum, die Konfliktparteien entlang der fünf Bewusstheitsfunktionen (Wahrnehmen, Denken, Fühlen, Wollen und Handeln) durch einen tiefen Transformationsprozess aus ihrem Tunnelblick und ihrer inneren Verengung und Radikalisierung heraus zu begleiten. Dieser Weg ist in Form eines U angelegt.

Auf der linken Seite des U steigt man von der Oberfläche der Konfliktaustragung hinunter,

- um bei den Sichtweisen wieder die Kommunikation über Wahrnehmung und Denken zu öffnen. Im wechselseitigen Verstehen entsteht so der kognitive Wendepunkt: „Aaah, aus deiner Sicht war es so… Aus meiner Sicht war es…"
- und die Gefühle darin aussprechbar und vor allem auch spürbar für die Beteiligten zu machen, so dass wieder Kontakt auf der Ebene des Fühlens, d.h. der emotionale Wendepunkt als Voraussetzung für echte Empathie, entsteht.

Dieses kognitive und emotionale Verstehen des „Wie kam es zum Konflikt?" und „Wie geht es uns damit?" auf der linken Seite des U führt zum untersten Punkt im U: zu den Bedürfnissen, die im Konflikt unter Druck gekommen und nicht (mehr) erfüllt sind. Hier fallen Sätze wie „Was ich damals gebraucht hätte, bzw. was ich jetzt / künftig brauche, um den Konflikt hinter mir zu lassen, ist…". Am tiefsten Punkt des U taucht auf, was im Wollen der Beteiligten wesentlich war / ist und zugleich bereits den Weg Richtung Lösung zeigt – als intentionaler Wendepunkt. Ist dieser Moment in der Mediation erreicht, erleben die Konfliktparteien, dass sie vom „Gegner" wieder unverstellt gesehen werden.

- Der alte Schmerz kann losgelassen und in echten Willen zur Veränderung transformiert werden.

Auf der rechten aufsteigenden Seite des U

- entstehen dadurch Handlungs-Angebote und Bitten an die andere Seite,
- die im weiteren als Handeln in Vereinbarungen konkretisiert werden.

Auch in diesem Phasenmodell nach Ballreich / Glasl muss der Mediator situativ beweglich die verschiedenen Schichten ansteuern. Der Unterschied zu anderen Phasenmodellen liegt darin, dass sehr differenziert Interaktion und Kontakt in jedem Schritt in einer anderen Schicht des Menschseins erfolgt. Der Zugang zu Gefühlen ist ein anderer als der zu unserem logischen Denken, oder der zu unserem Willen. Im U-Prozess wird dem im Vorgehen, in der Sprache, in der Methodenwahl und der Beziehungsgestaltung zwischen Mediator und Konfliktbeteiligten und auch unter den Konfliktbeteiligten Rechnung getragen.

Literatur

Ballreich, R., Glasl, F. (2011): Konfliktmanagement und Mediation in Organisationen [siehe auch 2. Aufl. 2024]

Ballreich, R., Glasl, F. (2007): Mediation in Bewegung [siehe auch 2. Aufl. 2024]

Umsetzungsphase – Die Nacharbeit zur Mediation

Diese Phase sehe ich ungern im Phasenmodell verankert, weil sie nicht zwingend für jede Mediation nötig und nützlich ist. Macht man sie zum Pflichtteil des Mediationsverfahrens, unterstellt man indirekt den Konfliktparteien, ihre Einigung könnte eventuell ungenügend oder schal sein. Im schlimmsten Fall schwächt solch ein Element die Parteien in ihrem Durchhaltevermögen.

Es ist hingegen bei fast allen Konflikten sinnvoll, am Ende jeder Phase 6 an die Konfliktparteien die Frage zu richten, ob sie einen Zeitpunkt zur Reflexion über die Umsetzung ihrer Vereinbarung festlegen möchten. Je nachdem, worum es im Konflikt ging und wie klar die Einigung ist, wünschen die Parteien dies von sich aus – oder eben auch nicht. Manche Parteien äußern klar, dass ein solches Nachtreffen mit dem Mediator stattfinden soll, weil es ihnen Sicherheit gibt und weil es ihre innere Bindung an die Vereinbarung erhöht. Andere sind sich sicher, dass sie das auch ohne Unterstützung und Präsenz des Mediators tun können und tun werden. In manchen Konflikten gibt es keinerlei Notwendigkeit für solch ein Treffen, weil der Konflikt sich völlig aufgelöst hat. Dies ist z.B. der Fall, wenn eine grundsätzliche Beziehungsklärung geglückt ist oder ein weitreichendes Missverständnis oder Informationsdefizit zum Konflikt geführt hatte, das nun vollständig aufgeklärt ist. Die Konfliktparteien vereinbaren also ein Nachtreffen,

- um sich selbst in die Pflicht zu nehmen, ihre Zusagen einzuhalten,
- um abzusichern, dass die Absprachen noch einmal auf ihre Wirksamkeit und Sinnhaftigkeit überprüft werden,

- wenn bei einer oder beiden Seiten Unsicherheit besteht, ob sie die Vereinbarungen wirklich einhalten können. In solch einem Fall wird die Vereinbarung meist auf Zeit geschlossen, und das Nachtreffen dient dann der Reflexion und Nachjustierung. Eventuell beginnt damit der Wiedereinstieg in eine zweite Mediationsrunde.

Last, but not least: Was kostet Mediation?

Diese Frage kann man immer nur am konkreten Fall beantworten.

Braucht es einen bezahlten externen Mediator?

Dessen Honorare sind i. d. R., je nach Anwendungsfeld, Ausbildung und Erfahrung des Mediators, unterschiedlich hoch - auch die Region spielt eine Rolle. Honorare bewegen sich häufig zwischen 120 € und 300 €/Stunde (bzw. 500–3.000 € Tagessatz). Nebenberufliche Mediatoren und Mediatoren, die im Sozialbereich arbeiten, stellen teils auch niedrigere Sätze in Rechnung; freiberuflich arbeitende Mediatoren in Wirtschaftsunternehmen verlangen i. d. R. eher 250–400 €/Stunde; die Stundensätze erfahrener Rechtsanwälte großer Wirtschaftskanzleien werden in großen Verfahren zwischen Unternehmen doppelt so hoch angesetzt. Letztlich ist das Honorar immer Verhandlungssache im Einzelfall.

Sind weitere Kosten zu erwarten?

- Für Beratung und/oder Gutachten durch Experten (Rechtsanwälte, Steuerberater, Finanzfachleute, Psychologen)?
- Für die Abfassung einer Mediationsvereinbarung beim Notar?
- Für Raummiete oder Hotelunterbringung bei Mediationen, die in Klausur stattfinden?
- Für Reisekosten des Mediators?

Unternehmen haben bei der Kostenfrage auch vor Augen, wie viel Arbeitszeit in die Teilnahme an der Mediation gesteckt werden muss. Bei einer eintägigen Mediation mit 20 Mitarbeitern und ihrem Vorgesetzten ist das eine deutliche Investition.

Was kostet der Konflikt, wenn es keine Mediation gibt?

Fragt man nach den Kosten für eine Mediation, sollte man sich gleichzeitig auch die dysfunktionalen Konflikt-Kosten für die Weiterführung des Konflikts vergegenwärtigen. Selbst bei einem Vollkostenstundensatz von 48 € (Jahresgehalt: 60.000 €) „frisst" ein Konflikt zwischen zwei Kollegen im Unternehmen durch Gespräche, Einbeziehung von Kollegen, Klärungsgespräche mit dem Vorgesetzten innerhalb von vier Wochen bereits 6.000 €. Kommen nach weiterer Eskalation Personalentscheidungen ins Spiel – mit Versetzung und nötigen Neu-Einarbeitungszeiten –, vervielfachen sich die Kosten. Geht das ganze Verfahren vors Arbeitsgericht, entstehen selbst bei schlanker Kalkulation im Gesamtverlauf Kosten von ca. 80.000 €. (weitere Beispiele s. Unternehmerschaft Düsseldorf 2012). Die von KPMG (2009) herausgebrachte Konfliktkosten-Studie zeigt als Durchschnittswert je Unternehmen folgendes auf:

- Führungskräfte verbringen 30–50 % ihrer Arbeitszeit direkt oder indirekt mit Reibungsverlusten, Konflikten, Konfliktfolgen.
- Ca. 25 % des Umsatzes sind von der Kommunikationsqualität im Unternehmen abhängig.

Der RTMKM (Round Table Mediation und Konfliktmanagement der deutschen Wirtschaft) hat als Zusammenschluss von Unternehmen das Ziel, Verständnis, Akzeptanz und Einsatz alternativer Konfliktlösungsverfahren zu fördern. Seit 2023 stellt er kostenfrei auf seiner Website das Tool KOMPASS (Konfliktmanagement Prozessauswahl-Assistent) zur Verfügung, um mit wenigen Schritten als Konfliktbeteiligter das richtige Verfahren herauszufinden. Für Konflikte zwischen Unternehmen / Organisationen gibt es dort bereits seit 2018 das Tool DiReCT (Dispute Resolution Comparison Tool).

Merksatz

Je früher ein Konflikt gelöst werden kann, umso niedriger sind sowohl seine dysfunktionale Kosten wie auch die Kosten eines Mediationsverfahrens, weil die Klärung weniger Zeit brauchen wird.

Für Auftraggeber ist Mediation ein kalkulierbares finanzielles Engagement, denn es wird die eingesetzte Zeit anhand fester Stunden oder Tagessätze berechnet.

Literatur

KPMG (2009): Konfliktkostenstudie – Die Kosten von Reibungsverlusten in Industrieunternehmen.

Unternehmerschaft Düsseldorf (2012): Best Practice Konflikt(kosten)-Management 2012 – Der wahre Wert der Mediation

Internet

https://www.rtmkm.de/
https://www.rtmkm.de/home/kompass/
https://www.rtmkm.de/home/direct-2/

5

Wo wird Mediation eingesetzt?

Mediation als Verfahren bei Konflikten kann in den verschiedensten Bereichen des privaten und öffentlichen Lebens eingesetzt werden. In diesem Kapitel werden die bis heute entstandenen Hauptanwendungsgebiete von Mediation vorgestellt.

Familien- und Partnerschaftsmediation

Sie umfasst Mediation bei Konflikten innerhalb von Liebesbeziehungen, zwischen Eltern und Kindern, innerhalb von Patchwork-Familien (z. B. zwischen der neuen Partnerin des Vaters und dessen Kindern) sowie Mediation bei Trennung und Scheidung. Ein Sonderfall der Familienmediation ist die Erbmediation. Ihr Anlass ist in der Regel, dass es entweder bereits bei der Abfassung eines letzten Willens oder nach dem Tod des Erblassers zum Streit unter den Familienangehörigen um das Erbe gekommen ist. Hier setzen häufig unausgetragene Konflikte und Altlasten aus der Vergangenheit eine Dynamik in Gang, die jahrelang zugedeckt gewesen ist. Mit dem Erbe verhandeln die Erbberechtigten (oder auch die am Erbe nicht Beteiligten) ihre Bedeutung für den Verstorbenen, ihre Beziehung zu ihm und auch die Bedeutung für- und die Beziehungen untereinander.

Auf Konflikte zwischen verschiedenen Generationen hat sich die **„Intergenerative Mediation“** spezialisiert. Hier geht es z. B. um Auseinandersetzungen darüber, wo und wie alte Eltern leben wollen und werden, wenn sie nicht mehr alleine wohnen können.

„Sterbe-Mediation“ ist meist im Umfeld von Hospizen angesiedelt und ist ein Angebot für Menschen, die am Ende ihres Lebens alte oder neue Konflikte bereinigen möchten, häufig mit Angehörigen, aber auch mit ihrem weiteren Umfeld.

Mediation im Gesundheitswesen

Mediation hat im medizinischen Bereich noch schwierige Arbeitsbedingungen, vor allem im Krankenhaus. Sie trifft auf ein hochbelastetes Arbeitsfeld, in dem es große Hierarchiebarrieren für eine gute Gesprächskultur gibt. Mediation ist in diesem Kontext auch deshalb so schwierig, weil es eigentlich keine Zeiten gibt, in denen alle Mitglieder, z.B. einer Station im Krankenhaus, gleichzeitig ihre Arbeit ruhen lassen können. Doch auch hier leistet Mediation einen entscheidenden Beitrag für ein besseres Arbeitsklima.

Emotional sehr herausfordernd ist Mediation in der Altenpflege – auch hier oft als intergenerative Mediation. Auseinandersetzungen zwischen Angehörigen von Pflegebedürftigen, zwischen dem Pflegebedürftigen und seiner Familie, zwischen Angehörigen und Pflegedienstleistern bzw. Pflege- und Altenheimen, kommen sehr häufig vor, sind sehr belastend, und fast nie geht es um ein reines Sachproblem, das rechtlich zu lösen wäre. Bei Konflikten mit dem Pflegebedürftigen, der nicht oder nicht mehr völlig eigenständig leben kann, ist die größte Herausforderung, trotz seiner Einschränkungen seine Souveränität möglichst nicht anzutasten.

Literatur

Pühl, H. (2016): Mut zur Lösung bei Konflikten in Klinik, Praxis und Altenpflege

Mediation in Erziehung und Bildung

Hierbei geht es um den Einsatz von Mediation in Schulen, Kindertagesstätten, in der Jugendarbeit und der Jugendhilfe. Die spezifische Herausforderung in diesem Feld ist, dass die Autonomie der Kinder und Jugendlichen noch nicht voll entfaltet ist: Sie sind der Aufsichtspflicht Erwachsener unterstellt und sind je nach Alter eingeschränkt geschäftsfähig. Die Erwachsenen sehen sich ihnen gegenüber in der Rolle des Erziehenden und des Verantwortlichen. In beiden Fällen – Konflikte zwischen Erwachsenen und Jugendlichen sowie Konflikte zwischen Jugendlichen – spielt dieses Hierarchiegefälle eine bedeutende Rolle.

Sollen Erwachsene Konflikte zwischen Jugendlichen mediieren, ohne selbst in eine Rollenkollision mit ihrem erzieherischen Auftrag oder ihren Werten zu geraten, müssen sie oft einen anstrengenden Spagat ausführen. Gerade im Feld Schule, die eine Zwangsvergesellschaftung darstellt (aufgrund der allgemeinen Schulpflicht und der von der Schule vorgegebenen Einteilung in Klassenverbände), ist eine Mediation besonders schwierig umzusetzen. Der Ansatz der Peer-Mediation (Streitschlichtung für Schüler durch Schüler) ist eine Möglichkeit, dieser Rollenkollision im Feld Schule (oder auch in Jugendarbeit, Kindertagesstätten und Heimerziehung) zu entgehen: Hier werden Konflikte unter Kindern und Jugendlichen in die Hände nicht betroffener, in Mediation ausgebildeter Peers (Gleichaltriger) gegeben. Dies setzt ein hohes Vertrauen der Erwachsenen in die Kinder und Jugendlichen voraus und dient auf diese Weise der Herstellung größtmöglicher Autonomie und Selbstverantwortung der Kinder und Jugendlichen.

Sportmediation

Eine Entwicklungslinie der Sportmediation kommt aus den Fanprojekten der Vereine. Die andere entstand durch eine wiederkehrende Problemlage: Sportstätten und Sportplätze sind in den Kommunen eine wirklich knappe Ressource; Mannschaften innerhalb eines Vereins und unterschiedliche Sportvereine stehen in hoher Konkurrenz um Trainingszeiten auf diesen Plätzen. Solche Konflikte sind häufig emotional aufgeheizt, die Stimmung ist sehr angespannt. Wenn dann die eine Seite aus einem z. B. kroatischen oder türkischen Verein besteht, werden solche Konflikte in der Gemeinde oftmals auch noch mit interkulturellen Auseinandersetzungen aufgeladen oder dafür instrumentalisiert. Wenn Letzteres der Fall ist, braucht es Sportmediation durch Mediatoren mit interkultureller Kompetenz und Erfahrung in der Gemeinwesenmediation.

Mediation unter Menschen mit Behinderung

Ähnliche Herausforderungen wie in der Altenpflege finden sich auch bei der Mediation unter Menschen mit geistiger Behinderung. „Mangelnde Selbstbestimmung und Selbststeuerung", „mangelnde Einsichts- und z. T. Empathiefähigkeit" schienen in der Anfangszeit der Mediation so gewichtig, dass Mediation mit diesen Personengruppen ausgeschlossen wurde. Mittlerweile gibt es Projekte in der Bundesrepublik, in denen Menschen mit geistiger Behinderung Mediation erlernen und – teils mit Hilfestellung anderer – Konflikte ihrer Mitbewohner, ihrer Werkstattkollegen oder ihrer Freizeitgruppe als Mediatoren lösen helfen.

Gemeinwesenmediation

Sie umfasst Konflikte innerhalb einer Kommune, eines Stadtteils, einer Bürgerschaft, z. B. zwischen Anwohnern und Geschäften, zwischen Vereinen oder unter Nachbarn. Nachbarschaftszentren, kommunale Bürgerhäuser oder Alten-und Service-Zentren oder in großen Städten eigens für Mediation eingerichtete kommunale Stellen (z. B. SteG – Stelle für Gemeinwesenmediation in München) sind dabei Anlaufstellen. Und auch Auseinandersetzungen zwischen Anwohnern und Vertretern der Kommune bei kommunalen Planungen sind sowohl Gegenstand der Gemeinwesenmediation (Community Mediation) wie auch der „Mediation im öffentlichen Raum“ (siehe „Mediation im öffentlichen Raum“).

Gemeinwesenmediation ist immer wieder auch interkulturelle Mediation, nicht nur zwischen verschiedenen Ethnien, sondern auch zwischen verschiedenen „Kulturen“, wie z. B. den Älteren und den Jugendlichen in einer Nachbarschaft. Mediation im interkulturellen Kontext setzt eine besondere zusätzliche Kompetenz der Mediatoren voraus. Denn sie findet sich in den verschiedensten Anwendungsfeldern wie Familie, Gemeinwesen, Arbeit, Organisationen, Wirtschaft – überall dort, wo sich ein Teil des Konflikts aus den verschiedenen kulturellen Herkünften speist bzw. noch weit häufiger: zu speisen scheint.

Internet

SteG: Stelle für Gemeinweisenmediation München: https://stadt.muenchen.de/service/info/stabsstelle-fuer-buergerschaftliches-engagement-und-konfliktmanagement-bek/10223327/

AKIM: Allparteiliches Konfliktmanagement in München: https://stadt.muenchen.de/infos/akim-allparteiliches-konfliktmanagement.html

Mediation im öffentlichen Raum – Umweltmediation

Hierbei geht es um die Anwendung von Mediation in öffentlichen Projekten, wie z. B. Straßenbau, Erschließung von Naturschutzgebieten, Flughafenausbau, Kiesabbau, Verkehrsberuhigung durch Fußgängerzonen etc. Das Spezifikum in diesem Feld ist die große Anzahl von Betroffenen, die jeweils Vertreter in ein Mediationsverfahren entsenden, also nicht mehr alle selbst und persönlich in der Konfliktklärung mitwirken. Dabei entsteht eine aufwendige „Choreografie“, in der sich Stellvertreter-Treffen abwechseln mit Treffen der entsendenden Gruppen und ihren

Stellvertretern zur Rückkopplung. Auch eine straffe Moderation und klare Verfahrensrichtlinien für alle Beteiligten, etwa hinsichtlich des Umgangs mit der Presse in schwebenden Verfahren, sind bei Umweltmediation bzw. Mediation im öffentlichen Bereich für ein Gelingen nötig.

Mediation im Bauwesen

Mediation wird hier auf zwei Arten eingesetzt:

- während des Baus und nach dessen Abschluss bei Baumängeln oder Vertragsfragen zwischen Architekten, Bauherren, Handwerkern, Bauunternehmern,
- als mediative Baubegleitung ab dem Planungsstadium, um die Kooperation zwischen Bauherr, Bauleitung und Bauunternehmer zu unterstützen oder um bei Konflikten mit dem Umfeld, z. B. den Nachbarn, mediative Lösungen möglich zu machen.

Mediationswissen wird von Architekten mit hohem Nutzen bereits im Vorfeld und in der Projektplanung eingesetzt, um die Bedürfnisse z. B. aller Familienmitglieder herauszufinden und in der Bauplanung berücksichtigen zu können. Dies hilft, spätere Enttäuschungen zu vermeiden.

Mediation in weiteren Non-Profit-Feldern

Hauptkennzeichen von Mediation im öffentlichen Dienst bzw. in der öffentlichen Verwaltung sind: die ganz klare Hierarchie, die Fokussierung auf nachprüfbare und allgemeingültige Standards, auf Gesetze und Verwaltungsvorschriften, und die damit manchmal auch einhergehende Langsamkeit und Schwerfälligkeit von Entwicklungen. Mediation im öffentlichen Dienst findet entweder intern als innerbetriebliche Mediation bei Konflikten am Arbeitsplatz statt oder als Mediation in öffentlichen Verfahren, z. B. des Planens und Bauens.

Mediation in der Kirche ist ein Arbeitsfeld, das starke Besonderheiten hat, die es als Mediator zu achten gilt: Zum einen die strenge Hierarchie und der spezifische Wertekontext mit Auswirkungen bis ins Arbeitsrecht. Zum anderen die stark verzahnte Zusammenarbeit von Hauptberuflichen und Ehrenamtlichen, die oftmals hoch konfliktträchtig ist. Diese unterschiedlichen Rollen müssen be- und geachtet werden.

Die häufig nicht einfache Kooperation von Ehren- und Hauptamtlichen in ihrer wechselseitigen Abhängigkeit findet sich auch in der Arbeit von Vereinen und Verbänden und im Bereich der Sozialen Arbeit.

Mediation in Wirtschaft und Arbeitswelt

Unter Mediation in der Wirtschaft werden zwei Betätigungsfelder für Mediation zusammengefasst, die jeweils ganz unterschiedliche Arbeitsweisen brauchen:

Die eigentliche Wirtschaftsmediation meint Mediation zwischen Betrieben, Unternehmen bzw. Firmen. Sie hat sich maßgeblich aus der Verhandlungsforschung der frühen 1980er entwickelt. Als Mediatoren sind i.d.R. Juristen gefragt, da es häufig auch um Vertragsrecht und dessen Gestaltung und Anwendung geht. Angesichts der hohen Beträge, die auf dem Spiel stehen, möchten Wirtschaftsführer die Gewissheit, dass ihre Einigungsbemühungen auch juristisch für ihr Unternehmen haltbar sind.

In diesem Bereich zeigt sich die Akzeptanz von Mediation sehr deutlich in einer zunehmend veränderten Vertragsgestaltung. Ob zwischen Unternehmen oder auch zwischen Tochtergesellschaften eines Unternehmens: Es werden immer häufiger vorausschauend Bestimmungen aufgenommen, die regeln, dass im Falle eines Konflikts der erste Klärungsweg eine Mediation ist. Damit binden sich beide Seiten an ein Verfahren, dem sie zutrauen, ihrer beider Interessen in fairer Art im Blick zu behalten und zu einer einvernehmlichen Lösung zu kommen, statt sich gegenseitig in eine kostspielige gerichtliche Auseinandersetzung zu manövrieren. Hintergrund hierfür bildet die Erfahrung, dass Unternehmen oft lange Zeit (bis hin zu mehreren Jahren) in Gerichtsverfahren involviert sind und dabei häufig ein hohes finanzielles Risiko eingehen, falls die Gegenseite gewinnt; selbst bei juristischen Erfolgsaussichten kann Mediation attraktiver als ein Gerichtsverfahren sein, wenn man Zeit- und Energieeinsatz in Rechnung stellt sowie die Dauer, in der z.B. eine eingeforderte Zahlung nicht im eigenen Unternehmen ankommt und für weitere Investitionen nicht zur Verfügung steht.

In diese Kategorie des Vermittelns zwischen Wirtschaftsinteressen gehört auch das Angebot zur Mediation mancher Versicherungsgesellschaften (z.B. die D.A.S. – Deutscher Automobil Schutz Versicherungs-AG). Für immer mehr Versicherer ist der Ausgleich von Versicherungsansprüchen sowohl in kleineren wie in großen Schadensangelegenheiten lukrativ geworden. Mediation wird hier überwiegend als Shuttle-Mediation am Telefon betrieben. Shuttle ist im Englischen die Bezeichnung für Pendelverkehr. In einer Shuttle-Mediation trifft sich der Mediator, im Unterschied zur sonst in der Mediation üblichen Arbeitsweise, immer einzeln mit den Parteien. Die Parteien sind nicht im direkten Kontakt zueinander, sondern der Mediator trägt die Ergebnisse der Einzelsitzungen zwischen den Beteiligten hin und her.

Der zweite Bereich von Mediation in der Wirtschaft bezieht sich auf Mediation bei innerbetrieblichen Konflikten im Unternehmen. Hier geht es im weitesten Sinne um Mediation in der Arbeitswelt. Häufig wird diese auch als Mediation in Organisationen beschrieben, die dann zwischen Kollegen, innerhalb von oder zwischen Arbeitsteams oder Abteilungen, zwischen Vorgesetzten und Mitarbeitern oder zwischen Betriebsrat und Geschäftsleitung stattfindet.

Insgesamt ist die Arbeitswelt komplexer und damit konfliktreicher geworden. Interessen zwischen Bereichen, in Kundenprojekten und in Teams müssen deutlicher formuliert und zugleich stärker ausgehandelt werden. Dies gilt insbesondere in der agilen Zusammenarbeit, aber auch in ganz „normalen" Betrieben wird mehr und mehr Selbstverantwortung und Selbststeuerung vom Einzelnen und von Teams verlangt. Viele agile Rollen, z. B. Agile Coach, Scrum Master, erfordern Konfliktklärungskompetenz, was zu einem verstärkten Interesse an Mediation beiträgt.

Innerbetriebliche Mediation in einem Wirtschaftsbetrieb unterscheidet sich in den Themen wenig von der in einem Non-Profit-Unternehmen, wie etwa einer kommunalen Verwaltung oder für ein soziales Dienstleistungsunternehmen. Es braucht auch keine unterschiedlichen Arten der Mediation. Doch der Mediator muss die Organisationskultur und ihre Spezifika (wie z. B. Kooperation von Ehrenamtlichen und Hauptberuflichen oder Profitmaximierungsdruck) kennen, um Methoden einzusetzen, die in der jeweiligen Organisationskultur angenommen werden, damit sich die Personen von ihm verstanden fühlen und Vertrauen in ihn und seine Arbeitsweise entsteht.

Ein Sonderfall in der Wirtschaftsmediation ist die Mediation bei Unternehmensnachfolge. Erfolgt diese in einem Familienbetrieb, dann handelt es sich um eine innerbetriebliche Mediation, in der auch Elemente der Familien-, eventuell auch Erbmediation relevant werden. Geht es um Unternehmensnachfolge durch Kauf oder Übernahme, werden mehr die Themen aus der Mediation zwischen Unternehmen zum Tragen kommen. Mediation bei Unternehmensnachfolge besteht auf der Sachebene in der Klärung der wirtschaftlichen und unternehmerischen Fragen, wie z. B. Wert des Unternehmens, Ablösezeitplan, zukünftige

Rechtsform. Gleichzeitig muss die (psycho-) soziale Dynamik geachtet und geklärt werden, die der Ablöse- und Abschiedsprozess des scheidenden Unternehmers – häufig mit Trauer, Sorge und der Frage nach der Anerkennung des Lebenswerks gekoppelt – mit sich bringt und die oft im Gegensatz zum Elan und der Aufbruchs- und Erneuerungsstimmung der übernehmenden Generation steht. Diese Spannung fruchtbar zu machen, statt sie gegeneinander zu richten, ist meist der schwierigste Teil eines solchen Mediationsauftrags.

Mediation in der Politik und in internationalen Konflikten

Mediation im internationalen politischen Geschehen zwischen Staaten oder Regionen übernehmen in der Regel politische Führer oder anerkannt neutrale Vertreter von Weltorganisationen. Der Schwerpunkt liegt im Verhandeln von Interessen und Optionen. In oft mühsamen, immer wieder scheiternden, langdauernden Verhandlungen wird an den Voraussetzungen zur Beendigung oder Verhinderung von Krieg und Gewalt gearbeitet (siehe auch Kapitel 1).

Parallel dazu findet Mediation als flankierende Maßnahme zur Friedenssicherung und zur Deeskalation innerhalb der betroffenen Bevölkerung(en) statt, wie z. B. zwischen Bosniern, Serben, Kroaten im Jugoslawienkrieg oder zwischen Katholiken und Protestanten in Nordirland. Mediatoren arbeiten dabei direkt mit den verfeindeten Gruppen. Es geht um Versöhnungsarbeit in einer Bevölkerung, deren Gruppen entweder beidseitig oder einseitig Gewalt erfahren haben, damit ein künftiges Zusammenleben von vormals verfeindeten Nachbarn oder ein Zusammentreffen mit Angehörigen der anderen Volksgruppe am Arbeitsplatz wieder möglich wird. Elemente des Täter-Opfer-Ausgleichs (siehe unten) werden hier eingesetzt, weil die Voraussetzung für ein künftig friedvolles Zusammenleben ist, dass jede Seite Verantwortung für das von ihr begangene Unrecht übernimmt, sich mit der jeweils eigenen Schuld auseinandersetzt und sie anerkennt. Erst das ermöglicht ein Verzeihen und damit einen Neuanfang. Der Mediator arbeitet hier in einem hocheskalierten Feld, in dem er nur wirkungsvoll tätig sein kann, wenn Achtung und Würde gleichzeitig auf der politischen Ebene gesichert werden. Mediation hilft den Betroffenen, den Blick von der Vergangenheit wieder auf eine – unausweichlich gemeinsame – Zukunft zu richten.

Diese Arbeit steht in einer alten Tradition, die zunächst in der Praxis – durch die Tätigkeit der internationalen Friedensdienste, staatlicher Hilfsorganisationen und der international tätigen Organisationen verschiedener Glaubensgemeinschaften (z. B. Quäker, Mennoniten) – entwickelt und dann durch internationale Friedens- und Konfliktforschung theoretisch fundiert und weiterentwickelt wurde.

Der vom Bundesministerium für wirtschaftliche Zusammenarbeit finanzierte Zivile Friedensdienst sucht fortwährend Mediatoren, die bereit sind, in solch internationalen Krisengebieten zu arbeiten.

Internet

https://www.bmz.de/de/themen/ziviler-friedensdienst

Eine Sonderform der Mediation: Täter-Opfer-Ausgleich

Der Täter-Opfer-Ausgleich (TOA) stellt eine spezielle Form der Mediation dar. In Österreich wird er als Außergerichtlicher Tatausgleich (ATA) bezeichnet, was seine Natur bereits näher beschreibt: Er wird vom Staatsanwalt oder Richter bei Strafrechtsangelegenheiten eingeleitet und dem Täter und dem Opfer einer Straftat angeboten. Ob ein TOA in Frage kommt, hängt von der Schwere des Delikts ab: Bei Diebstahl, Sachbeschädigung, Bedrohung, Beleidigung, Körperverletzung ist er möglich, schwere Verbrechensanschuldigungen wie Mord oder Vergewaltigung schließen einen TOA jedoch aus. Die Durchführung setzt immer die Zustimmung beider Seiten voraus. Der TOA zielt auf die Befähigung, eigenverantwortlich eine nachhaltige und faire Regelung unter den Betroffenen herzustellen.

6

Was bringt Mediation in (psycho-) sozialen Arbeitsfeldern?

Mediation ist kein Allheilmittel und im Bereich der (psycho-) sozialen Arbeit vielfältigen Spannungen ausgesetzt. Dieses Kapitel legt dar, in welchen konkreten Zusammenhängen der (psycho-) sozialen Arbeit Mediation bzw. mediative Fähigkeiten sinnvoll eingesetzt werden können. Dies wird insbesondere an drei ausgewählten Fallbeispielen deutlich gemacht.

Ein fruchtbares Spannungsverhältnis

Mediation passt vom fachlichen und ethischen Hintergrund grundsätzlich sehr gut in (psycho-) soziale Arbeitsfelder mit ihren Schwerpunkten Erziehung, Bildung, Beratung, Hilfe zur Bewältigung von Lebenskrisen bzw. speziellen Lebenssituationen.

Ursprünglich aus der klassischen Fürsorge-Arbeit kommend, hat sich die Soziale Arbeit hinsichtlich Haltung und Methoden stark verändert: Während zunächst die Unterstützung, z. T. sogar Bevormundung, des als arm, inkompetent, überfordert angesehenen Hilfsbedürftigen das professionelle Handeln prägte, stehen heute Konzepte des Empowerment (siehe Kapitel 3) im Mittelpunkt.

Parallel zu dieser Entwicklung ist in den letzten Jahren jedoch der gesellschaftliche und politische Druck gestiegen. Auch in der (psycho-) sozialen Arbeit hat Qualitätsmanagement mit operationalisierten Zielsetzungen Einzug gehalten und Leistungen müssen qualitativ und quantitativ belegt werden. Besondere Herausforderungen entstehen dabei in den Arbeitsbereichen, in denen Erziehungs-, Aufsichts- oder Unterstützungsleistungen für Menschen erbracht werden, die sich nicht, noch nicht, nicht vollständig oder nicht mehr selbst vertreten können, z. B. in Kindertagesstätten, Schulen, Heimen, Einrichtungen für Menschen mit Behinderungen, betreutem Wohnen, Alten- und Pflegediensten. Wer heute mit Kindern, Jugendlichen oder anderweitig Abhängigen arbeitet, steht in einer hohen Verantwortung keine Spuren von Vernachlässigung, Kindswohlgefährdung, sexueller Gewalt zu übersehen. Zum Schutz des Klienten tragen Hauptberufliche verstärkt die Last der Kontrolle und des Erfolgsnachweises (z. B. der Verbesserung des Eltern-Kind-Verhältnisses oder der Erziehungsfähigkeit der Eltern) bei gleichzeitig verschlechterten Arbeitsbedingungen durch Kürzungen und Einsparungen. Mitarbeiter im (psycho-)sozialen Feld stehen also in der Zwickmühle von gesellschaftlichem Erwartungsdruck und dem eigenen Fachwissen um die Bedeutung der Eigensteuerung von Menschen: Einerseits weiß man aus der Motivations- und Lernforschung, dass dauerhafte Veränderung von Verhalten nur entsteht, wenn ein Mensch sich aus eigenem Willen dazu entschließt. Andererseits wird von Sozialpädagogen, Psychologen und Vertretern ähnlicher Berufe erwartet, dass sie ihre Klientel zu einer Veränderung ihres Verhaltens, wenn nicht gar ihrer Einstellungen, bringen. Diese Erwartung entspricht letztlich einem erzieherischen Auftrag, als dessen Alternative bei Misserfolg nur noch Kontrolle und Druck bleiben – insbesondere in der Arbeit mit Menschen, die (aus gesellschaftlicher Sicht) als nicht ausreichend angepasst gelten, wie z. B. Suchtabhängige, Straftäter oder Familien, bei denen Zweifel an der Erziehungsfähigkeit der Eltern bestehen.

Diese Erfolgserwartung kann zur Haltung von Mediation in Widerspruch geraten: Möchte ein Mitarbeiter Mediation nutzen, so muss er genau prüfen, ob er in der vorliegenden Situation wirklich allparteilich sein kann oder ob er in eine Rollenkollision gerät. Diese kann strukturell bedingt sein, weil er fachlich eine bestimmte Position einnehmen, ja unter Umständen durchsetzen muss (z. B. Kinder schützen). Ein Rollenkonflikt kann aber auch persönliche Hintergründe haben, wenn z. B. das Verhalten einer (oder beider) Konfliktpartei(en) den Mediator in eine Kollision mit seinem eigenen Wertesystem brächte.

Eine weitere Erschwernis kann sein, dass viele Träger weltanschaulich festgelegte Zielsetzungen und Prinzipien haben, wie z. B. Gewerkschaften, Glaubensgemeinschaften, Wohlfahrtsverbände, an denen die Mitarbeiter ihre Arbeit auszurichten haben. Auch dies kann Allparteilichkeit in manchen Konfliktsituationen unmöglich machen oder zu einem schwer aushaltbaren Rollenkonflikt führen.

Wer sich dieser spezifischen Herausforderungen für den Einsatz von Mediation im (psycho-) sozialen Bereich bewusst ist, wird Mediation und mediative Gesprächsführung sowohl in der direkten Arbeit mit Klienten wie auch im Umgang mit Konflikten innerhalb der Belegschaft von Einrichtungen der Sozialen Arbeit sinnvoll und erfolgreich nutzen können.

Mediation mit Nutzern einer Einrichtung

In Beratungsstellen für Partnerschaft, Trennung/Scheidung, Erziehung, Familie, Schulden kann Mediation in zugespitzten Konfliktsituationen sehr entlastend wirken, weil sie eine Befriedung der akuten Situation zwischen den Beteiligten ermöglicht, die oft Voraussetzung dafür ist, auch andere Schwierigkeiten im Leben wieder besser bewältigen zu können. Manchmal reicht es in solchen Situationen aus, dass der Berater für das jeweils hochstrittige Thema seiner Klienten mediative Gesprächsführung nutzt, manchmal ist auch eine Zäsur in der Beratung sinnvoll, um eine regelrechte Mediation dazwischenzuschalten. Wenn Berater selber Mediatoren sind, dann können sie die Mediation selbst anbieten – wobei sie, wie weiter vorne beschrieben, vorab gut darauf achten müssen, ob sie das in einen Rollenkonflikt bringen könnte. Falls ja, dann sollte die Bewältigung des akuten Konflikts von einem anderen mediationserfahrenen Kollegen aus der Einrichtung oder einem externen Mediator übernommen werden.

Beispiel 1: *Empowerment durch mediative Gesprächsführung in der Allgemeinen Erziehungshilfe*
Frau Hell ist Sozialpädagogin, leistet allgemeine Erziehungshilfen und arbeitet in der Familienhilfe. Sie betreut seit Monaten eine interkulturelle Patchwork-Familie: Herr D. ist Geschäftsmann, arbeitet täglich 10–12 Stunden, stammt aus dem Iran. Frau D. ist Deutsche und zu Hause bei den Kindern. Sören, der gemeinsame Sohn, ist drei Jahre alt und wird von der großen Familie des Vaters als „kleiner Prinz" verwöhnt. Stefan, zehn Jahre, stammt aus der ersten Ehe von Frau D.

Frau Hell kam aufgrund von Auffälligkeiten bei Stefan (hohe Aggressivität in der Schule) zur alltäglichen Unterstützung in die Familie. Gespräche und der Aufbau eines guten Kontaktes zu Mutter, Stefan und Stiefvater führten dazu, dass Stefans aggressive Schübe nach und nach aufhörten. Als seine Schwester Ida, sieben Jahre, die bislang noch bei ihrem Vater in einer weit entfernten anderen Stadt gelebt hatte, in die Familie D. integriert werden sollte, entstand jedoch weiterer Bedarf für die Familienhilfe.

Ida kam zunächst tagsüber in die Familie und schlief in einem Clearing-Haus in der Nähe. (In Clearing-Häusern erhalten wohnungslos gewordenen Einzelpersonen und Familien Wohnung, intensive Beratung und Unterstützung, um nach spätestens sechs Monaten wieder eigenständig wohnen zu können.) Frau D. holte sie jeden Morgen dort ab und brachte sie abends zurück und dort zu Bett. Im Familienalltag war nun vor allem die Beziehung zwischen Stefan und Ida angespannt. Auch Stefans aggressives Verhalten in der Schule setzte wieder ein. Eltern und Sozialpädagogen konnten kaum verstehen, wie gerade das Kind, das selbst erlebt hat, wie hart es ist, keinen sicheren Platz in einer Familie zu haben, so wenig Verständnis für die Situation des neuen Kindes mitbringt und ihm den Platz verweigert. Kann Mediation hier sinnvoll sein?

Die Konflikte spielen sich hier überwiegend zwischen den beiden älteren leiblichen Kindern und Frau D. ab. Der Vater ist als Erzieher in entsprechenden Konfliktsituationen nicht zugegen. Die Verantwortung dafür, allen Kindern einen guten Platz im Familienverband zu sichern, liegt eindeutig bei den Eltern, die dafür vermutlich noch einmal Beratung- und Unterstützung brauchen.

Der Fall ist ein gutes Beispiel, um Grenzen und Möglichkeiten von Mediation im Kontext Familienhilfe aufzuzeigen: Für Frau Hell als Sozialpädagogin muss das Kindeswohl die oberste Priorität all ihres Handelns sein, d. h. in diesem Fall das Wohl der beiden gefährdeten Kinder Ida und Stefan. Sie ist also keinesfalls neutral oder für alle denkbaren Arten von Lösungen offen. Dennoch: Sie ist die Vertrauensperson von Stefan, die ihm geholfen hat, sich sicher zu fühlen. Und sie hat den Auftrag, zu beurteilen, ob Ida in dieser Familie Fuß fassen kann, ist also auch ihr Sicherheitsnetz. Sie ist Mediatorin und überzeugt davon, dass die Kinder im Gespräch mit ihr – zunächst einzeln und später zusammen – klären können, was sie stört, was sie befürchten, was sie brauchen. Sie weiß, dass eine formal eingesetzte oder offiziell benannte Mediation eher Angst und Fremdheit schaffen würde. So übernimmt sie den Part, durch ihre mediative Haltung und Gesprächsführung die Kinder zu unterstützen, sich aus ihrer Gegnerschaft und Konkurrenz herauszuarbeiten.

Nachbarschaftszentren, kommunale Bürgerhäuser, Alten-und Service- oder auch Familienzentren sind häufig Kontaktstellen für Menschen in Konfliktsituationen. Um den Anliegern ein Angebot für Mediation machen zu können, könnten sich die Mitarbeiter der Einrichtung entweder selber in Mediation fortbilden oder eine Gruppe ehrenamtlicher Nachbarschaftsmediatoren ausbilden (ähnlich dem Modell der Peer-Mediatoren in der Schule) oder externe Mediatoren einladen, im Zentrum oder Bürgerhaus Sprechstunden anzubieten.

Erziehungsinstitutionen wie Kindergärten, Heime, Betreute Wohngruppen können im Alltag sowohl Mediation für ihre Besucher, bzw.

Bewohner anbieten, wie auch mit mediativer Gesprächsführung viele Konflikte meistern helfen. Die Herausforderung, hier immer wieder zu schauen, ob Allparteilichkeit aufgrund der Verantwortung und Aufsicht möglich ist, ist in diesem Arbeitsfeld besonders groß.

Beispiel 2: *Ein klarer Umgang mit Rollen und Verantwortung – Mediation und Hausrecht*
Im kommunalen Jugendzentrum gibt es klare Regeln, u. a.: Wer schlägert, erhält Hausverbot. Das wissen auch Zerkan und Timo, als sie der Hausleiter, Herr Merkt, in einer handgreiflichen Auseinandersetzung vorfindet. Herrn Merkt ist schon vorher in der Sporthalle mehrmals aufgefallen, dass die beiden ungewöhnlich heftig aneinandergeraten sind, mit harten Attacken bis hin zu Fouls und Schmähreden über die Leistungen des andern. Herr Merkt spricht das Hausverbot aus, seine Rolle als Hausleiter verlangt ihm dies ab, damit er den Wert, der hinter der Schlägerei-Hausverbot-Konsequenz steckt, schützen kann: „Hier ist jeder sicher. Wir dulden keine Gewalt." Gleichzeitig macht er deutlich, was er in der Rolle des kompetenten Sozialpädagogen erkennt: Die beiden haben dringend etwas zu klären, und zwar mit andern Mitteln als einer Schlägerei.

Eine klassische Falle, in die Herr Merkt geraten könnte, ist, aus Sorge, von den Jugendlichen nicht mehr als Gesprächspartner akzeptiert zu werden, auf das Hausverbot zu verzichten. Bei Grenzverletzungen, die allgemeine Werte in Frage stellen, muss jedoch auch ein Mediator in der Sache Stellung beziehen. Dies braucht ihn aber nicht daran zu hindern, zusätzlich eine Klärung der Beziehung mit Mediation anzubieten. Wenn er Mediator ist, kann er sich selbst als Mediator anbieten, vorausgesetzt er sieht sich selber in der Lage, während der Mediation seine maßregelnde Rolle als Hausleiter vor die Türe zu stellen; und auch vorausgesetzt, körperliche Gewalt stellt sein Wertesystem nicht so weit in Frage, dass er den beiden Jungen gar nicht zuhören kann, ohne ihr Verhalten zu bewerten. Für die Jungen wäre es vermutlich auch einfacher, wenn das Angebot zur Mediation von einer andern Person, z. B. einem anderen Mitarbeiter oder einem externen Kollegen, käme als von demjenigen, der ihnen Hausverbot erteilt hat.

Sofern in seiner Einrichtung vorhanden, könnte Herr Merkt auch gut auf Peer-Mediatoren, d. h. in Mediation ausgebildete Jugendliche, zurückgreifen, die – analog zu den Streitschlichterprojekten in Schulen – für andere Jugendliche als Schlichter zur Verfügung stehen.

Im Bereich der Jugendarbeit von Vereinen, Verbänden, Pfarrgemeinden und Jugendzentren kann Mediation sehr viel zum Empowerment der Jugendlichen beitragen, insbesondere, wenn Jugendliche selber Mediation für Konflikte ihrer Peers anbieten können.

Mediation für Mitarbeiter und Teams von Einrichtungen

In der Sozialen Arbeit ist es seit langem gängige Praxis, dass Mitarbeiter entweder einzeln oder als Team Supervision (siehe Kapitel 1) durch Externe erhalten. Auch im Gesundheitswesen und in der öffentlichen Sozialverwaltung gibt es – je nach Träger – mitunter solche Angebote. Externe Unterstützung einzukaufen und ins Boot zu holen, ist diesen Arbeitsfeldern im Grunde also vertraut. Dennoch ist es auch hier nicht leicht, Mediation zu implementieren. Häufig greift man auch bei Teamkonflikten zunächst auf das bekannte Mittel der Supervision zurück, 1. weil es diese bereits gibt und nicht zusätzlich eine Finanzierung gefunden werden muss, 2. weil es schwieriger ist, sich offensiv zu vorhandenen Konflikten zu bekennen, was bei der Beauftragung eines Mediators der Fall wäre. Dennoch macht, wie Beispiel 3 zeigen wird, Mediation für Teamkonflikte sehr viel Sinn.

Beispiel 3: *Mediation bei Teamkonflikten*
Im Team einer Beratungsstelle gibt es heftige Konflikte. Frau Guth, die Leiterin der Stelle, weiß von den Konfliktlinien: Die jüngeren systemisch-lösungsorientiert ausgebildeten Kollegen fühlen sich von den altgedienten individualpsychologisch-arbeitenden Kollegen in der Umsetzung ihrer Ideen blockiert.

Frau Guth stand bisher beschwichtigend in der Mitte, versuchte beiden Lagern Wertschätzung entgegenzubringen, in der Hoffnung, dass dies ausreichen würde, um der gegenseitigen Konkurrenz und Missachtung beider Lager den Nährboden zu entziehen. Sie erlebte aber, dass sich der Konflikt trotz ihrer Bemühungen weiter zuspitzte.

Frau Guth suchte deshalb einen freiberuflichen Mediator, der erfahren im Umgang mit Gruppen ist, und organisierte eine Team-Mediation. In deren Verlauf zeigte sich: Einige der dienstälteren Kollegen haben unbefristete Vollzeitverträge, die jüngeren Kollegen dagegen haben befristete, meist nur Teilzeitverträge; einige arbeiten stundenweise noch in Beratungseinrichtungen anderer Stadtteile. Ein weiterer

Konfliktherd ist das unterschiedliche Verständnis darüber, wer für welche Gemeinschaftsarbeiten zuständig ist, z. B. für die Küche oder den Kopierer.

Als Thema hinter dem Konflikt zeigte sich: Was bin ich mit meiner Arbeit wert? Die Jüngeren beschrieben, wie mürbe es sie mache, einerseits Menschen in schwierigen Situationen zu begleiten und gleichzeitig selbst in so einer unsicheren Lebenssituation zu stehen. Es gehe ihnen an das Selbstwertgefühl. Und wenn sich die Dienstälteren – obwohl mit viel mehr Zeit in der Einrichtung ausgestattet – davon ausnähmen, etwas zu den allgemeinen Tätigkeiten beizutragen, dann liefe ihnen die Galle über angesichts von so viel Beraterstatus-Dünkel. Die langjährigen Mitarbeiter legten dar, wie sie – im Gefühl, Pioniere der Beratungsarbeit in Deutschland zu sein, – ihre Arbeitsweise schon damals gegenüber vielen Anfechtungen von außen verteidigen mussten, und wie schwer es für sie sei, wenn nun junge Kollegen mit teils wenig Berufserfahrung alles besser wüssten.

Mithilfe des Mediators kamen diese Hintergründe der täglich spürbaren Spannungen ans Licht. Es fanden zwei direkte Klärungen zwischen Protagonisten der Auseinandersetzung statt, in denen das Verständnis für die Situation des jeweils anderen langsam wuchs. Die Älteren erkannten bei den Jungen ihren eigenen mit Widrigkeiten gepflasterten Berufsstart wieder und entwickelten ein Bewusstsein dafür, wie wenig Sicherheiten die jungen Kollegen für ihre berufliche und damit auch für ihre private Zukunft haben. Die jüngeren Kollegen erfuhren, dass ihre älteren Kollegen gar nicht so sehr gegen andere Beratungsansätze eingestellt sind, wie sie vermutet hatten, dass die Älteren sich jedoch sehr daran stören, wie ihnen diese „als Heilsbringer serviert" würden. Beiden Seiten wurde klar, dass sie mit der Art, in der sie sich gegen die andere Seite verteidigen, einander jeweils abwerten, während sie sich dabei eigentlich von den Kollegen – nicht nur von der Leitung – Achtung und berufliche Wertschätzung erhoffen.

Als in diesem Team der Druck fiel, den eigenen Platz gegen den der andern zu behaupten, entstand ein Gespräch darüber, wie man sich im Druck der Arbeit und in der Belastung gegenseitig unterstützen könnte. In einer weiteren Sitzung äußerten zwei der langjährigen Mitarbeiter, dass sie schon lange den Wunsch hätten, Stunden zu reduzieren, dies aber nie angesprochen hätten, aus Sorge, damit die Tür zu einem schleichenden Aufs-Altenteil-Gedrängt-Werden zu öffnen. Diese Stunden könnten nun wiederum jüngere Kollegen übernehmen, die nur Teilzeitanstellungen erhalten hatten.

Die Mediation eröffnete diesem Team einen Weg, mit neuen Augen auf die Bedürfnisse der Mitarbeiter zu schauen, sodass in der Phase 4 der Mediation ein neuer, kreativer Umgang mit den Ressourcen entstand.

Die Leitung der Einrichtung hat sich bewusst dafür entschieden, eine Mediation statt einer Supervision einzusetzen. Sie erkannte damit an, dass Konflikte existieren, und verdeutlichte damit auch gegenüber dem Team, dass es um etwas anderes geht, als in den bisherigen Supervisionen. Es war klar, dass Supervision für die Mitarbeiter eine bekannte Größe ist, in der sie sich sicher und vertraut bewegen. Gerade diese Vertrautheit wurde als eher hinderlich erkannt, wenn die Herausforderung des Konfliktes wirklich angenommen werden sollte. – Neues Verhalten entwickelt sich nur schwer im alten Rahmen.

Bei großen Trägern ist inzwischen bekannt, dass Konflikte viele Ressourcen binden, und dass es sich lohnt, diesen frühzeitig und kompetent zu begegnen, um die Qualität der Arbeit und die Mitarbeiterzufriedenheit zu erhalten und zu steigern. So planen manche Träger den Aufbau eines eigenen internen Konfliktmanagementsystems, um den Umgang mit den unvermeidlichen Konflikten zu verbessern. Zu den entsprechenden Maßnahmen gehören z.B. Konfliktkompetenztrainings für Mitarbeiter, Führungskräfteseminare zu mediativer Kompetenz sowie die Implementierung eines internen Mediatorenpools aus allen Bereichen der Mitarbeiterschaft in Kooperation mit einem Netz von externen Mediatoren.

Führungskräfte sowie Mitarbeiter der Personalabteilungen in Mediation zu schulen, bringt die nötige Kompetenz, den Umgang mit Konflikten bereits im Alltag und auch bereits bei der Konfliktentstehung anders zu gestalten. Eine Leitung mit mediativer Kompetenz aus Beispiel 3 hätte vermutlich bereits viel früher die aufkommenden Spannungen aktiv angesprochen und versucht, die hinter den zur Schau getragenen Positionen liegenden Interessen sichtbar zu machen. Mediative Kompetenz nimmt die Angst, Konflikte auszusprechen und hilft der Führungskraft, dieses Fass „Konflikt“ nicht nur aufzumachen, sondern auch mit seinem Inhalt umzugehen. Träte eine weitere Eskalation ein oder wäre die Führungskraft selbst vom Konflikt betroffen, so würde sie auch nicht zögern, einen externen Mediator zu holen.

Teams in der (psycho-) sozialen Arbeit weisen häufig eine besondere Konstellation auf, die sonst in kaum einem anderen Anwendungsgebiet von Mediation vorkommt und die auch eine Mediation vor besondere

Herausforderungen stellt: Die Zusammenarbeit von Ehrenamtlichen und Hauptberuflichen und die häufig starke Abhängigkeit eines Trägers, einer Einrichtung, eines Projektes vom Einsatz der Ehrenamtlichen. Dabei treten auf zwei Ebenen immer wieder Konflikte auf: Sowohl innerhalb der Gruppe der Ehrenamtlichen als auch zwischen Hauptberuflichen und Ehrenamtlichen.

In Vereinen sind Ehrenamtliche sogar häufig Vorgesetzte für Hauptberufliche, was beiden Seiten sehr viel abverlangt: Ein durch Wahl bestimmter Ehrenamtlicher verantwortet Dienst-und Fachaufsicht über eine ausgebildete, angestellte Fachkraft.

Einrichtungen, die ihre Arbeit auf den Einsatz von Ehrenamtlichen aufbauen, sind meist sehr konfliktscheu – oft aus Sorge, die Ehrenamtlichen würden ihre Mitarbeit aufkündigen oder die Einrichtung könnte öffentlich in ein schlechtes Licht geraten. Man könnte sich jedoch auch fragen: Wie viele Ehrenamtliche hören auf, gerade weil es mehr oder weniger offenkundige Spannungen gibt, die nicht gelöst werden?

Der Mediator ist in solchen Konfliktkonstellationen besonders herausgefordert, Macht- und Hierarchiestrukturen, die Amt, Fachwissen, Zeiteinsatz usw. ergeben, genau zu beachten und besprechbar zu machen. Auch ist die Gefahr, dass der Konflikt schnell in die Öffentlichkeit gerät, bei der Beteiligung von Ehrenamtlichen besonders groß, sodass die Frage der Vertraulichkeit eine besondere Rolle spielt.

Merksatz

Mediation lässt sich in der (psycho-) sozialen Arbeit vielfältig mit hohem Gewinn einsetzen, weil sie wie diese den Menschen in seinen Beziehungen und damit in immer wieder entstehenden Konfliktsituationen in das Zentrum ihrer Aufmerksamkeit stellt; sowohl Kunden, wie auch Mitarbeiter profitieren hinsichtlich ihrer Lebens- und Arbeitsqualität, wenn sie auf neue Art und erfolgreich mit den Konflikten umgehen.

7

Quo vadis, Mediation?

Dieses kurze Abschlusskapitel beschäftigt sich mit der Frage, wohin Mediation in Deutschland steuert hinsichtlich Bedeutung und Verbreitung, hinsichtlich des Verhältnisses zwischen Mediation und staatlichen Institutionen sowie hinsichtlich Qualität und Arbeitsweisen.

Bedeutungszuwachs und zunehmende Verbreitung

Mediation hat in den letzten Jahren hohe Akzeptanz gewonnen:

- Mediation ist bekannt und geht Menschen ohne Verwechslung mit Meditation über die Lippen.
- Die Bedeutung eines konstruktiven Umgangs mit Konflikten angesichts zunehmender Komplexität weltweit und der heute unausweichlich nötigen Einbeziehung divergierender Interessen im unmittelbaren Umfeld (z.B. Gen Z und Arbeitswelt) bestätigt sich täglich.
- Umfragen zeigen sehr hohe Akzeptanz und innere Zustimmung zum Verfahren. (Institut für Demoskopie Allensbach 2023, S. 25)
- Führungskräfte, Personalverantwortliche und Unternehmer erlernen Mediation. Sie nutzen die Konfliktkompetenz, die sie dabei aufbauen, ganz direkt in ihrem konfliktreichen Alltag.
- In Verträgen werden Mediation und andere ADR-Verfahren zunehmend als verpflichtendes Vorgehen bei Konflikten vereinbart.

Der Verbreitung von und der Markt für Mediation wächst ohne große Sprünge, aber stetig. Die von der Bundesregierung in Auftrag gegebene Evaluation der Auswirkungen des Mediationsgesetzes auf die Entwicklung der Mediation in Deutschland konstatierte 2017 keinen signifikanten Anstieg von Mediation. Anfänger in Mediation, die immerhin die Hälfte der Befragten der Studie stellten, haben es nicht leicht, Fuß zu fassen, sofern sie sich nicht bereits einen Kundenkreis aufgebaut haben.

Fragt man hingegen aktive Mediatoren, so zeigt sich, dass sie sowohl für Mediationen angefragt werden wie auch auf Grund dieser Qualifikation für konfliktgeladene andere Aufträge. (BMJV 2017)

Im Gegensatz zu anderen Ländern, in denen sich Mediation und Cooperative Praxis viel stärker und schneller verbreitet haben, ist das Vertrauen ins deutsche Rechtswesen sehr hoch. So wählen viele Konfliktbeteiligte im Zweifel dann doch das ihnen vertrautere Verfahren vor Gericht.

Mediation findet ihre Nutzer, wo ein juristisches Vorgehen ungeeignet ist, wo Zeit-, Kosten-, Energie-Ersparnis wichtig sind, im Wertesystem Fairness und Kooperation wichtig sind, ein besonderer Schutz der Vertraulichkeit nötig oder eine nachhaltige Lösung für beide Seiten angestrebt wird.

Qualitätssicherung im Spannungsfeld staatlicher Regelungen und Unabhängigkeit von Mediation

Da Mediation in Deutschland mittlerweile auch ein eigenständiges Berufsbild ist, werfen staatliche Eingriffe immer auch eine Menge Fragen auf. Denn Mediation gerät in Konflikt mit dem eigenen Anspruch, ein informelles, nicht juristisches Verfahren zu sein, wenn staatliche Instanzen die Kontrollfunktion über ihre Qualität übernehmen. Für die gesellschaftliche Anerkennung und Unterstützung von Mediation ist aber auf der anderen Seite eine gute und wertschätzende Kooperation ihrer Akteure mit der Gesetzgebung und der Rechtsprechung Voraussetzung.

Der Gesetzgeber hat 2012 einen Mindeststandard definiert, der zum Führen der Bezeichnung „Zertifizierter Mediator“ berechtigt, und wollte gleichzeitig aber dafür keine staatliche Zertifizierungsstelle schaffen, sondern Gremien der Mediationslandschaft die Möglichkeit überlassen, dies selbst zu übernehmen. Dies entspricht auch dem Selbstverständnis von Mediation als von staatlichen Stellen und Aufgaben freies Format.

Mit dieser gut gemeinten Lücke entstand ab 2012 eine bizarre Situation: Der einzelne Mediator „zertifizierte“ sich selbst durch die Feststellung, alle Kriterien erfüllt zu haben. Die großen drei Verbände (BM, BMWA, BAFM) hatten sich im sogenannten Qualitätsverbund Mediation (QVM) gemeinsam mit dem DFfM (Deutsches Forum für Mediation) und der DGM (Deutsche Gesellschaft für Mediation) zusammengetan, um eine unabhängige Zertifizierung von Mediatoren zu ermöglichen. 2019 wurden gemeinsame QVM-Standards verfasst. Seit 2023 bietet eine

QVM-Zertifizierungsstelle die Zertifizierung als „QVM-Mediator“ und die Prüfung für den Titel „Zertifizierter Mediator“ an. Leider weiterhin völlig ungeregelt blieb, welche Voraussetzungen Ausbilder in Mediation mitbringen müssen.

Herausforderung für Kunden und Mediatoren

Für mögliche Mediationskunden ist das Angebot ein völlig unüberschaubares Feld. Und selbst engagierte Mediatoren und bestens gewillte Ausbildungsinteressenten kämpfen mit dem Wust an Voraussetzungen und Übergangsregelungen, die sowohl bei den Verbänden wie den gesetzlichen Veränderungen zu beachten sind. Verbraucherfreundlich ist all das nicht.

Blickt man zurück auf den Beginn der Mediation in Deutschland, so standen damals die Fragen „Was ist die richtige Mediation?“ und „Wer darf als Mediator fungieren?“ im Vordergrund. Anwälte befürchteten Konkurrenz durch Mediatoren. Zwei Vorstellungen prallten aufeinander: 1. dass Mediation als neue Form der Rechtsbesorgung Juristen vorbehalten sein solle; 2. dass Mediation von allen Menschen, gleich welcher Ausbildung, erlernt und eingesetzt werden könne. Die 2008 beschlossene gegenseitige Anerkennung durch die drei großen Bundesverbände der Mediation (siehe Einführung) kann als Meilenstein in der Überwindung dieser alten Gegensätze gelten. Die deutsche Mediationslandschaft besteht aus einer ganzen Reihe von großen, kleinen und kleinsten Vereinen und Verbänden. „Wer zertifiziert was?“ ist eine komplexe Frage, in der auch Partikularinteressen anderer Vereinigungen wie die Bundesrechtsanwaltskammer eine Rolle spielen.

Für all diejenigen, die sich mit der im Gesetz geregelten Mindestausbildung zufriedengeben und die keine Vernetzung in Mediationsverbänden anstreben, gibt es mit QVM eine Prüfstelle zum Zertifizierten Mediator. Zugleich ist mit der 2. Änderungsverordnung zur ZMediatAusb-Verordnung der Aufwand zum „Zertifizierten Mediator“ sehr nah an die Anforderungen der drei B-Verbände BMWA, BM, BAFM gerückt: Wer ab dem 1. März 2024 eine Mediationsausbildung beginnt, muss dann auch für den Zertifizierten Mediator mindestens fünf eigene und supervidierte Fälle nachweisen. Ob das QVM-Siegel unter diesen Bedingungen für Kunden und Mediatoren attraktiv werden wird und die erhoffte Wirkung als allgemein unterstütztes Gütekennzeichen für den Verbraucher entfalten kann, wird erst die Zukunft zeigen. Mediation ist nicht zuletzt Vertrauenssache und könnte auch weiterhin vor allem durch persönlichen Kontakt oder Empfehlung zustande kommen. Für die Mediatoren selbst stellt sich die Frage, ob ein QVM-Siegel zusätzlich zu einer Lizensierung/Anerkennung im Rahmen einer (Berufs-)Verbandsmitgliedschaft überhaupt erstrebenswert werden wird.

Dennoch gibt es in der Mediationslandschaft eine starke Bestrebung, das Angebot für mediationssuchende Menschen transparent zugänglich machen.

Weiterentwicklungen: Vertiefung, Differenzierung und Vernetzung

Vertiefung durch Mindfulness

Mit Konflikten zu arbeiten ist in der konkreten Mediationssituation oft Arbeit unter hohem Druck, hohem Risiko, unter hoher Unsicherheit.

- Wie umgehen mit dem Unklaren, Unsicheren, Ungewissen?
- Wie umgehen mit der Not der Parteien?
- Wie wirklich verstehen, worum es im Kern geht?
- Wie umgehen mit den eigenen Gefühlen, Verständnisproblemen, Unsicherheiten?
- Wie umgehen mit sich anbahnendem oder tatsächlichem Scheitern?

Schon von Beginn an gab es Mediatoren, die ihre Erfahrungen mit Achtsamkeit oder Meditation als große Hilfe im Umgang mit stürmischen und zähen Mediationsphasen erlebten. So ist es sicher kein Zufall, dass an unterschiedlichen Orten der Welt in den letzten Jahren Achtsamkeit, Körperarbeit und Meditation in die Ausbildung von Mediatoren eingebunden wurden. Exemplarisch seien hier ein paar Beispiele genannt:

USA: Gary Friedman, Urgestein der Mediation in den USA, beschreibt eindrucksvoll in seinem Buch „inside out“ (Friedman 2014), wie er als Mediator letztlich an sich selbst, seinem Unverständnis, seiner Überheblichkeit, d.h. seiner Unbewusstheit, scheiterte. Er entwickelte daraufhin ein achtsamkeitsbasiertes Trainingsdesign: SCPI (Self-Reflection for Conflict Professionals Intensive).

Deutschland: Die Mediationsausbildung von Trigon wurde von Rudi Ballreich auf der Basis von Mindfulness und Achtsamkeit weiterentwickelt, um Mediatoren darin zu schulen, im Hier und Jetzt ganz anwesend zu sein, den Emotionen der Mediandenund auch den eigenen emotionalen Reaktionen nicht auszuweichen, sondern fruchtbar für die Klärung zu machen sowie akzeptierend und einfühlend Kontakt halten zu können, ohne überschwemmt zu sein.

Überall dort, wo es um eskalierte Konflikte geht, müssen Mediatoren „Berg im Sturm" sein können und **gleichzeitig** zugewandte Aufmerksamkeit auf Augenhöhe geben.

Mindfulness hat sich als ein tiefer und strukturierter Übungsweg für diese Kernkompetenz von Mediatoren bewährt.

Differenzierung und Vernetzung

Um sich weiter zu etablieren, muss Mediation ein in seinen Grundzügen nachvollziehbares wiedererkennbares Konzept und verlässliche Qualität zeigen. Gleichzeitig gilt es immer wieder, Mediation methodisch und in ihren Formaten zeitgemäß und gesellschaftlichem Bedarf entsprechend weiterzuentwickeln. Dass Mediation und Mediatoren dazu in der Lage sind, sei anhand von drei Beispielen gezeigt:

- Mit dem Anstieg der Fluchtbewegungen nach Deutschland 2015 galt es, interkulturelle Mediation, Mediation im politischen und im öffentlichen Raum und Gemeinwesenmediation zusammenzubringen, und mit Kenntnissen im Umgang mit Menschen, die starke Gewalterfahrungen erlitten haben, zu verbinden.
- Für die Arbeit mit z. T. weltweit auf verschiedene Standorte verteilten Teams entwickelten Mediatoren Formate für Videokonferenzen und Internetplattformen.
- Es entsteht ein zunehmend differenziertes und breites Fort- und Weiterbildungsangebot für Mediatoren für spezifische Herausforderungen, Arbeitsfelder und methodische Vertiefungen.

In dieser Weise differenziert sich die Mediationslandschaft nach wie vor zunehmend aus, um dem Kunden zu nutzen und mit dessen Bedürfnissen und Lebens- bzw. Arbeitssituationen umzugehen.

Anreicherung durch Grenzgänge und Praxisreflexion

Zeichen einer erreichten „Reife" von etwas Neuem ist es, im eigenen Kern so sattelfest zu sein, dass man gleichzeitig fähig ist, sich mit Arbeitsweisen aus anderen Forschungs- und Praxisfeldern auseinanderzusetzen. So entwickelt sich Mediation derzeit durch die Integration von Kenntnissen und Methoden aus anderen Arbeitsfeldern.

Eine solche Weiterentwicklung durch Grenzgänge ist die lösungsfokussierte Mediation, die Nutzung von systemischen Strukturaufstellungen, Storytelling und Mindfulness in der Mediation. Erfahrungen mit psychisch angeschlagenen, teils traumatisierten oder unter hohem Stress stehenden Menschen erforderten mehr Wissen zu Psychologie und Embodiment. Und so werden heute in Aus- und v. a. in Fortbildungen zunehmend neurobiologische und neuroaffektive Erkenntnisse integriert, um z. B. abwägen zu können, ob Mediation überhaupt angezeigt ist, bzw. ob / wie Mediation und Therapie ineinandergreifen können.

Und auch neue Verfahren bilden sich immer wieder entlang der Grenzen von Mediation, wie z. B.

- Cooperative Praxis mit seiner Integration von Coaching (siehe Kapitel 3, „Richtungen der Mediation").
- MedArb - ein Kunstwort aus „mediation" und „arbitration" (Schlichtung), angesiedelt an der Grenze von Mediation und Verhandlung.

MedArb beginnt mit Mediation und führt Themen, die keine Einigung in der Mediation finden, in eine Schlichtung über. Der Schlichter erstellt einen (nicht-bindenden) Einigungsvorschlag. Mediator und Schiedsrichter können dieselbe Person sein. Im internationalen Kontext gibt es solche ADR-Formen (MedArb, Arb-Med, Arb-Med-Arb) schon lange, doch seit kurzem kommt MedArb als „Schlichtung plus" auch im deutschsprachigen Raum in Gebrauch. Hier wird dem Vorteil des zügigen Verfahrensfortschritts und dem Wunsch von Konfliktparteien, ein unparteilicher Sachverständiger möge eine faire Lösung ausarbeiten, Vorrang vor strenger Abstinenz des Mediators in der Entscheidung eingeräumt. Die Gründe sind nachvollziehbar, doch ist sowohl international wie auch in Deutschland der Einsatz derselben Person in den verschiedenen Verfahren durchaus umstritten. Verfahren wie diese, in denen Mediatoren auch inhaltliche Entscheidungsvorlagen liefern, entstehen aus Kundenbedürfnissen in ökonomischen Kontexten.

Literatur

Bentzen, M. (2021): Neuroaffektive Meditation.
Milling, H. (2020): Storytelling - Konflikte lösen mit Herz und Verstand.

Fazit

Wohin also steuert Mediation in Deutschland? Ein indisches Sprichwort sagt: „Solange die Kinder klein sind, gib ihnen tiefe Wurzeln. Wenn sie groß werden, gib ihnen Flügel." Ähnlich gestaltet sich auch die Entwicklung der Mediation in Deutschland.

Insbesondere die Weiterqualifizierung, Supervision und Praxisreflexion für Mediatoren wird immer wichtiger und sichert die Qualität von Mediation in anspruchsvollen Zeiten und Settings.

Ihr Ziel, im Großen wie im Kleinen einen fairen, nachhaltigen Umgang mit Konflikten zu ermöglichen, hat Mediation dabei beständig im Blick.

Anhang

Literatur

Ade, J., Alexander, N. (2017): Mediation und Recht. Wolfgang Metzner, Frankfurt am Main

Ballreich, R., Glasl, F. (2011): Konfliktmanagement und Mediation in Organisationen. Concadora, Stuttgart

Ballreich, R., Glasl, F. (2007): Mediation in Bewegung. Concadora, Stuttgart

Ballreich, R., Hüther, G. (2013): Du gehst mir auf die Nerven! Neurobiologische Aspekte der Konfliktberatung (DVD). Concadora, Stuttgart

Bannink, F. (2009): Praxis der Lösungs-fokussierten Mediation. Concadora, Stuttgart

Bauer, J. (2011): Schmerzgrenze. Karl-Blessing, München

Bentzen, M. (2021): Neuroaffektive Meditation. 2. Aufl., G. P. Probst, Lichtenau

Besemer, C. (2009): Mediation – Die Kunst der Vermittlung in Konflikten. 2., überarb. und erw. Aufl. Werkstatt für Gewaltfreie Aktion / Baden

Besemer, C. (1995): Mediation – Vermittlung in Konflikten. Werkstatt für Gewaltfreie Aktion / Baden

Bieringer, I. (2010): Unter mir tat sich der Boden auf. Perspektive Mediation, Heft 3/2010

BMJV (2017): Bericht zur Evaluierung des Mediationsgesetzes. Bundesministerium der Justiz und für Verbraucherschutz, Speyer. In: https://www.bmj.de/SharedDocs/Downloads/DE/Themen/Nav_Themen/Evaluationsbericht_Mediationsgesetz.pdf?__blob=publicationFile&v=3, 27.11.2023.

Bush, B., Folger, J. (2007): The Promise of Mediation. Joey-Bass Inc., San Francisco

Diez, H., Krabbe, H., Engler, K. (2019): Werkstattbuch Mediation. 2. Aufl., Otto-Schmidt, Köln

Duss-von Werdt, J. (2011): Einführung in die Mediation. 2. Aufl., Carl-Auer, Heidelberg

Fisher, R., Ury, W., Patton, B. M. (2018): Das Harvard-Konzept. 26. Aufl., Campus, Frankfurt am Main

Friedman, G. J. (2014): Inside Out. American Bar Association, Chicago

Funcke, A., Rachow, A. (2022): Die Fragen-Kollektion: Was ist eigentlich Ihre Lieblingsfrage? 5. Aufl. managerSeminare, Bonn

Glasl, F. (2022): Selbsthilfe in Konflikten. 9. Aufl. Haupt, Bern

Glasl, F. (2020): Konfliktmanagement – Ein Handbuch für Führungskräfte, Beraterinnen und Berater. 12. Aufl. Haupt, Bern

Glasl, F. (1998): Konfliktfähigkeit statt Streitlust! Verlag am Goetheanum, Dornach

Glasl, F., Weeks, D. (2008): Die Kernkompetenzen für Mediation und Konfliktmanagement. Concadora, Stuttgart

Greger, R. (Hrsg.) (2008): Die Zukunft der Mediation in Deutschland. C. H. Beck, München

Haft, F. (2000): Verhandlung und Mediation. 2., erw. Aufl. C. H. Beck, München

Haft, F., Schlieffen, K. v. (Hrsg.) (2015): Handbuch Mediation. 3. vollst., neu bearb. Aufl., C. H. Beck, München

Hatapla, C., Sander, K. (2007): Mediation mit Stellvertretung. Spektrum der Mediation 25, 2007/1, Hrsg: Bundesverband Mediation e.V., Kassel, 15–19

Haynes, J. M., Mecke, A., Bastine, R., Fong, L. S. (2012): Mediation – Vom Konflikt zur Lösung. 4. Aufl., Klett-Cotta, Stuttgart

Hüther, G. (2016): Biologie der Angst – Wie aus Streß Gefühle werden. 13. Aufl. Vandenhoeck & Rupprecht, Göttingen

Institut für Demoskopie Allensbach (2023): Roland Rechtsreport 2023. In: https://www.roland-rechtsschutz.de/media/roland-rechtsschutz/pdf-rr/042-presse-pressemitteilungen/roland-rechtsreport/roland_rechtsreport_2023.pdf, 27.11.2023

Keydel, B. (Hrsg.) (2021): Die Big Five der Konfliktarbeit. Wolfgang Metzner Verlag, Frankfurt am Main

KPMG (2009): Konfliktkostenstudie – Die Kosten von Reibungsverlusten in Industrieunternehmen. KPMG AG Wirtschaftsprüfungsgesellschaft, Frankfurt am Main

Krieghofer, G. (2020): „Gedacht ist nicht gesagt, gesagt ist nicht gehört, gehört ist nicht verstanden, verstanden ist nicht…" Konrad Lorenz (angeblich). In: https://falschzitate.blogspot.com/2020/06/gedacht-ist-nicht-gesagt-gesagt-ist.html, 30.11.2023

Milling, H. (2020): Storytelling – Konflikte lösen mit Herz und Verstand. Wolfgang Metzner, Frankfurt

Montada, L., Kals, E. (2013): Mediation. 3., überarb. Aufl., Beltz, Weinheim

Pühl, H. (2016): Mut zur Lösung bei Konflikten in Klinik, Praxis und Altenpflege. Psychosozial, Gießen

Redlich, A. (1997/2009): Konfliktmoderation in Gruppen. Windmühle GmbH, Hamburg

Reichel, R., Rabenstein, R. (2001): Kreativ beraten. 2. Aufl., Oekotopia, Münster

Röhrig, P., Scheinecker, M. (2022): Lösungsfokussiertes Konfliktmanagement in Organisationen. 2. Aufl., managerSeminare Verlags GMbH, Bonn

Rosenberg, M. (2016): Gewaltfreie Kommunikation. 12. Aufl., Jungfermann, Paderborn

Schaeuffelen, A. (o. J.): Mediation statt Rechtsstreit. Das neue Mediationsgesetz. In: https://www.wirtschaftsmediatoren-ihk.de/f%C3%BCr-hilfesuchende/mediation-statt-rechtsstreit-das-neue-mediationsgesetz, 27.11.2023

Seifert, J. W. (1998): Visualisieren – Präsentieren – Moderieren. Gabal, Offenbach

socialnet (2023): Empowerment: Zugänge zu einem neuen Begriff. In: https://www.empowerment.de/grundlagen/, 30.11.2023

Thomann, Ch. (2003): Klärungshilfe 1 – Handbuch für Therapeuten, Gesprächshelfer, Moderatoren in schwierigen Situationen. Rowohlt, Reinbek bei Hamburg

Thomann, Ch. (2004): Klärungshilfe 2 – Konflikte im Beruf. Rowohlt, Reinbek bei Hamburg

Trenczek, T., Berning, D., Lenz, C. (2017): Mediation und Konfliktmanagement. 2. Aufl., Nomos, Baden-Baden

Unternehmerschaft Düsseldorf (2012): Best Practice Konflikt(kosten)-Management 2012 – Der wahre Wert der Mediation. Unternehmerschaft Düsseldorf, Düsseldorf

Watzke, E. (2008): „Wahrscheinlich hat diese Geschichte gar nichts mit Ihnen zu tun …“ – Geschichten, Metaphern, Sprüche und Aphorismen in der Mediation. Forum Verlag Godesberg, Mönchengladbach

Watzlawick, P. (1984): Anleitung zum Unglücklichsein. Piper, München

Sachregister